D1323726

ÜBER DEN AUTOR

Sigmund Freud, am 6. Mai 1856 in Freiberg (Mähren) geboren; er
widmete sich nach dem Medizinstudium der Erforschung seelisch
bedingter Erkrankungen, zuerst besonders der Hysterien. Im Verlaufe
seiner Studien entwickelte er das Verfahren der Psychoanalyse. Über
das praktische Ziel der Therapie von Neurosen hinaus führten die
Erkenntnisse der analytischen Methode zu einer entscheidend ver-
tieften Psychologie. Zur Diskussion der kulturellen und gesell-
schaftlichen Fragen unserer Zeit hat Freud in seinen Arbeiten
überraschende Gesichtspunkte beigetragen. Freud, seit 1902 Titular-
Professor in Wien, wurde nie auf einen Lehrstuhl an eine Universität
berufen; er erhielt 1930 den Goethepreis. Im Jahre 1938 emigrierte
er nach London, wo er 1939 starb.
Von Sigmund Freud erschienen bisher im Fischer Taschenbuch Verlag: ›Studien über Hysterie‹ (Bd. 6001); ›Darstellungen der Psychoanalyse‹ (Bd. 6016); ›Abriß der Psychoanalyse/Das Unbehagen in
der Kultur‹ (Bd. 6043); ›Drei Abhandlungen zur Sexualtheorie‹
(Bd. 6044); ›Totem und Tabu‹ (Bd. 6053); ›Über Träume und Traum-
deutungen‹ (Bd. 6073); ›Zur Psychopathologie des Alltagslebens‹
(Bd. 6079); ›Der Witz und seine Beziehung zum Unbewußten‹ (Bd.
6083); ›Selbstdarstellung‹ (Bd. 6096); ›Der Wahn und die Träume
in W. Jensens »Gradiva«, mit dem Text der Erzählung von Wilhelm
Jensen‹ (Bd. 6172); ›Brautbriefe‹ (Bd. 899). Eine umfassende Darstellung findet sich in Marthe Robert: ›Die Revolution der Psychoanalyse. Leben und Werk von Sigmund Freud‹ (Bd. 6057).

Sigmund Freud

Massenpsychologie und Ich-Analyse

Die Zukunft einer Illusion

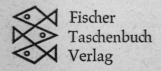
Fischer
Taschenbuch
Verlag

Fischer Taschenbuch Verlag
   1.— 30. Tausend: Dezember 1967
 31.— 45. Tausend: September 1968
 46.— 65. Tausend: September 1969
 66.— 85. Tausend: Mai 1970
 86.—107. Tausend: Februar 1971
108.—130. Tausend: Oktober 1971
131.—155. Tausend: April 1972
156.—180. Tausend: Februar 1973
Ungekürzte Ausgabe

Umschlagentwurf: Wolf D. Zimmermann

Fischer Taschenbuch Verlag GmbH, Frankfurt am Main
Lizenzausgabe mit freundlicher Genehmigung
des S. Fischer Verlages GmbH, Frankfurt am Main
Copyright by Imago Publishing Co., Ltd., London
Gesamtherstellung: Hanseatische Druckanstalt GmbH, Hamburg
Printed in Germany
ISBN 3 436 01140 1

Inhalt

Massenpsychologie und Ich-Analyse

I
Einleitung

Der Gegensatz von Individual- und Sozial- oder Massenpsychologie, der uns auf den ersten Blick als sehr bedeutsam
erscheinen mag, verliert bei eingehender Betrachtung sehr viel
von seiner Schärfe. Die Individualpsychologie ist zwar auf den
einzelnen Menschen eingestellt und verfolgt, auf welchen Wegen derselbe die Befriedigung seiner Triebregungen zu erreichen sucht, allein sie kommt dabei nur selten, unter bestimmten Ausnahmebedingungen, in die Lage, von den Beziehungen
dieses Einzelnen zu anderen Individuen abzusehen. Im Seelenleben des Einzelnen kommt ganz regelmäßig der Andere als
Vorbild, als Objekt, als Helfer und als Gegner in Betracht und
die Individualpsychologie ist daher von Anfang an auch
gleichzeitig Sozialpsychologie in diesem erweiterten, aber
durchaus berechtigten Sinne.

Das Verhältnis des Einzelnen zu seinen Eltern und Geschwistern, zu seinem Liebesobjekt, zu seinem Lehrer und zu seinem Arzt, also alle die Beziehungen, welche bisher vorzugs-
weise Gegenstand der psychoanalytischen Untersuchung geworden sind, können den Anspruch erheben, als soziale
Phänomene gewürdigt zu werden, und stellen sich dann in
Gegensatz zu gewissen anderen, von uns *narzißtisch* genannten Vorgängen, bei denen die Triebbefriedigung sich dem Einfluß anderer Personen entzieht oder auf sie verzichtet. Der
Gegensatz zwischen sozialen und narzißtischen — *Bleuler*
würde vielleicht sagen: *autistischen* — seelischen Akten fällt
also durchaus innerhalb des Bereichs der Individualpsychologie und eignet sich nicht dazu, sie von einer Sozial- oder Massenpsychologie abzutrennen.

In den erwähnten Verhältnissen zu Eltern und Geschwistern,
zur Geliebten, zum Freund, Lehrer und zum Arzt erfährt der
Einzelne immer nur den Einfluß einer einzigen oder einer sehr
geringen Anzahl von Personen, von denen eine jede eine
großartige Bedeutung für ihn erworben hat. Man hat sich nun
gewöhnt, wenn man von Sozial- oder Massenpsychologie
spricht, von diesen Beziehungen abzusehen und die gleichzeitige Beeinflussung des Einzelnen durch eine große Anzahl von
Personen, mit denen er durch irgend etwas verbunden ist,

während sie ihm sonst in vielen Hinsichten fremd sein mögen, als Gegenstand der Untersuchung abzusondern. Die Massenpsychologie behandelt also den einzelnen Menschen als Mitglied eines Stammes, eines Volkes, einer Kaste, eines Standes, einer Institution oder als Bestandteil eines Menschenhaufens, der sich zu einer gewissen Zeit für einen bestimmten Zweck zur Masse organisiert. Nach dieser Zerreißung eines natürlichen Zusammenhanges lag es dann nahe, die Erscheinungen, die sich unter diesen besonderen Bedingungen zeigen, als Äußerungen eines besonderen, weiter nicht zurückführbaren Triebes anzusehen, des sozialen Triebes — *herd instinct, group mind* —, der in anderen Situationen nicht zum Ausdruck kommt. Wir dürfen aber wohl den Einwand erheben, es falle uns schwer, dem Moment der Zahl eine so große Bedeutung einzuräumen, daß es ihm allein möglich sein sollte, im menschlichen Seelenleben einen neuen und sonst nicht betätigten Trieb zu wecken. Unsere Erwartung wird somit auf zwei andere Möglichkeiten hingelenkt: daß der soziale Trieb kein ursprünglicher und unzerlegbarer sein mag, und daß die Anfänge seiner Bildung, in einem engeren Kreis, wie etwa in dem der Familie, gefunden werden können.

Die Massenpsychologie, obwohl erst in ihren Anfängen befindlich, umfaßt eine noch unübersehbare Fülle von Einzelproblemen und stellt dem Untersucher ungezählte, derzeit noch nicht einmal gut gesonderte Aufgaben. Die bloße Gruppierung der verschiedenen Formen von Massenbildung und die Beschreibung der von ihnen geäußerten psychischen Phänomene erfordern einen großen Aufwand von Beobachtung und Darstellung und haben bereits eine reichhaltige Literatur entstehen lassen. Wer dies schmale Büchlein an dem Umfang der Massenpsychologie mißt, wird ohneweiters vermuten dürfen, daß hier nur wenige Punkte des ganzen Stoffes behandelt werden sollen. Es werden wirklich auch nur einige Fragen sein, an denen die Tiefenforschung der Psychoanalyse ein besonderes Interesse nimmt.

II
Le Bon's Schilderung der Massenseele

Zweckmäßiger als eine Definition voranzustellen scheint es, mit einem Hinweis auf das Erscheinungsgebiet zu beginnen und aus diesem einige besonders auffällige und charakteristische Tatsachen herauszugreifen, an welche die Untersuchung anknüpfen kann. Wir erreichen beides durch einen Auszug aus dem mit Recht berühmt gewordenen Buch von *Le Bon, Psychologie der Massen*.[1]

Machen wir uns den Sachverhalt nochmals klar: Wenn die Psychologie, welche die Anlagen, Triebregungen, Motive, Absichten eines einzelnen Menschen bis zu seinen Handlungen und in die Beziehungen zu seinen Nächsten verfolgt, ihre Aufgabe restlos gelöst und alle diese Zusammenhänge durchsichtig gemacht hätte, dann fände sie sich plötzlich vor einer neuen Aufgabe, die sich ungelöst vor ihr erhebt. Sie müßte die überraschende Tatsache erklären, daß dies ihr verständlich gewordene Individuum unter einer bestimmten Bedingung ganz anders fühlt, denkt und handelt, als von ihm zu erwarten stand, und diese Bedingung ist die Einreihung in eine Menschenmenge, welche die Eigenschaft einer »psychologischen Masse« erworben hat. Was ist nun eine »Masse«, wodurch erwirbt sie die Fähigkeit, das Seelenleben des Einzelnen so entscheidend zu beeinflussen, und worin besteht die seelische Veränderung, die sie dem Einzelnen aufnötigt?

Diese drei Fragen zu beantworten, ist die Aufgabe einer theoretischen Massenpsychologie. Man greift sie offenbar am besten an, wenn man von der dritten ausgeht. Es ist die Beobachtung der veränderten Reaktion des Einzelnen, welche der Massenpsychologie den Stoff liefert; jedem Erklärungsversuch muß ja die Beschreibung des zu Erklärenden vorausgehen.

Ich lasse nun *Le Bon* zu Worte kommen. Er sagt (S. 13): »An einer psychologischen Masse ist das Sonderbarste dies: welcher Art auch die sie zusammensetzenden Individuen sein mögen, wie ähnlich oder unähnlich ihre Lebensweise, Beschäftigung, ihr Charakter oder ihre Intelligenz ist, durch den bloßen Umstand ihrer Umformung zur Masse besitzen sie eine

---

1 Übersetzt von Dr. Rudolf *Eisler*, zweite Auflage 1912.

Kollektivseele, vermöge deren sie in ganz anderer Weise fühlen, denken und handeln, als jedes von ihnen für sich fühlen, denken und handeln würde. Es gibt Ideen und Gefühle, die nur bei den zu Massen verbundenen Individuen auftreten oder sich in Handlungen umsetzen. Die psychologische Masse ist ein provisorisches Wesen, das aus heterogenen Elementen besteht, die für einen Augenblick sich miteinander verbunden haben, genau so wie die Zellen des Organismus durch ihre Vereinigung ein neues Wesen mit ganz anderen Eigenschaften als denen der einzelnen Zellen bilden.«

Indem wir uns die Freiheit nehmen, die Darstellung *Le Bons* durch unsere Glossen zu unterbrechen, geben wir hier der Bemerkung Raum: Wenn die Individuen in der Masse zu einer Einheit verbunden sind, so muß es wohl etwas geben, was sie aneinander bindet, und dies Bindemittel könnte gerade das sein, was für die Masse charakteristisch ist. Allein *Le Bon* beantwortet diese Frage nicht, er geht auf die Veränderung des Individuums in der Masse ein und beschreibt sie in Ausdrücken, welche mit den Grundvoraussetzungen unserer Tiefenpsychologie in guter Übereinstimmung stehen.

(S. 14.) »Leicht ist die Feststellung des Maßes von Verschiedenheit des einer Masse angehörenden vom isolierten Individuum, weniger leicht ist aber die Entdeckung der Ursachen dieser Verschiedenheit.

Um diese Ursachen wenigstens einigermaßen zu finden, muß man sich zunächst der von der modernen Psychologie gemachten Feststellung erinnern, daß nicht bloß im organischen Leben, sondern auch in den intellektuellen Funktionen die unbewußten Phänomene eine überwiegende Rolle spielen. Das bewußte Geistesleben stellt nur einen recht geringen Teil neben dem unbewußten Seelenleben dar. Die feinste Analyse, die schärfste Beobachtung gelangt nur zu einer kleinen Anzahl bewußter Motive des Seelenlebens. Unsere bewußten Akte leiten sich aus einem, besonders durch Vererbungseinflüsse geschaffenen, unbewußten Substrat her. Dieses enthält die zahllosen Ahnenspuren, aus denen sich die Rassenseele konstituiert. Hinter den eingestandenen Motiven unserer Handlungen gibt es zweifellos die geheimen Gründe, die wir nicht eingestehen, hinter diesen liegen aber noch geheimere, die wir nicht einmal kennen. Die Mehrzahl unserer alltäglichen Handlungen ist nur die Wirkung verborgener, uns entgehender Motive.«

In der Masse, meint *Le Bon*, verwischen sich die individuellen Erwerbungen der Einzelnen, und damit verschwindet deren Eigenart. Das rassenmäßige Unbewußte tritt hervor, das Heterogene versinkt im Homogenen. Wir würden sagen, der psychische Oberbau, der sich bei den Einzelnen so verschiedenartig entwickelt hat, wird abgetragen, entkräftet und das bei allen gleichartige unbewußte Fundament wird bloßgelegt (wirksam gemacht).

Auf diese Weise käme ein durchschnittlicher Charakter der Massenindividuen zustande. Allein *Le Bon* findet, sie zeigen auch neue Eigenschaften, die sie vorher nicht besessen haben, und sucht den Grund dafür in drei verschiedenen Momenten.

(S. 15.) »Die erste dieser Ursachen besteht darin, daß das Individuum in der Masse schon durch die Tatsache der Menge ein Gefühl unüberwindlicher Macht erlangt, welches ihm gestattet, Trieben zu frönen, die es allein notwendig gezügelt hätte. Es wird dies nun um so weniger Anlaß haben, als bei der Anonymität und demnach auch Unverantwortlichkeit der Masse das Verantwortlichkeitsgefühl, welches die Individuen stets zurückhält, völlig schwindet.«

Wir brauchten von unserem Standpunkt weniger Wert auf das Auftauchen neuer Eigenschaften zu legen. Es genügte uns zu sagen, das Individuum komme in der Masse unter Bedingungen, die ihm gestatten, die Verdrängungen seiner unbewußten Triebregungen abzuwerfen. Die anscheinend neuen Eigenschaften, die es dann zeigt, sind eben Äußerungen dieses Unbewußten, in dem ja alles Böse der Menschenseele in der Anlage enthalten ist; das Schwinden des Gewissens oder Verantwortungsgefühls unter diesen Umständen macht unserem Verständnis keine Schwierigkeit. Wir hatten längst behauptet, der Kern des sogenannten Gewissens sei »soziale Angst«.[1]

1 Eine gewisse Differenz zwischen der Anschauung *Le Bons* und der unserigen stellt sich dadurch her, daß sein Begriff des Unbewußten nicht ganz mit dem von der Psychoanalyse angenommenen zusammenfällt. Das Unbewußte *Le Bons* enthält vor allem die tiefsten Merkmale der Rassenseele, welche für die individuelle Psychoanalyse eigentlich außer Betracht kommt. Wir verkennen zwar nicht, daß der Kern des Ichs (das Es, wie ich es später genannt habe), dem die »archaische Erbschaft« der Menschenseele angehört, unbewußt ist, aber wir sondern außerdem das »unbewußte Verdrängte« ab, welches aus einem Anteil dieser Erbschaft hervorgegangen ist. Dieser Begriff des Verdrängten fehlt bei *Le Bon*.

(S. 16). »Eine zweite Ursache, die Ansteckung, trägt ebenso dazu bei, bei den Massen die Äußerung spezieller Merkmale und zugleich deren Richtung zu bewerkstelligen. Die Ansteckung ist ein leicht zu konstatierendes, aber unerklärliches Phänomen, das man den von uns sogleich zu studierenden Phänomenen hypnotischer Art zurechnen muß. In der Menge ist jedes Gefühl, jede Handlung ansteckend, und zwar in so hohem Grade, daß das Individuum sehr leicht sein persönliches Interesse dem Gesamtinteresse opfert. Es ist dies eine seiner Natur durchaus entgegengesetzte Fähigkeit, deren der Mensch nur als Massenbestandteil fähig ist.«

Wir werden auf diesem letzten Satz später eine wichtige Vermutung begründen.

(S. 16.) »Eine dritte, und zwar die wichtigste Ursache bedingt in den zur Masse vereinigten Individuen besondere Eigenschaften, welche denen des isolierten Individuums völlig entgegengesetzt sind. Ich rede hier von der Suggestibilität, von der die erwähnte Ansteckung übrigens nur eine Wirkung ist.

Zum Verständnis dieser Erscheinung gehört die Vergegenwärtigung gewisser neuer Entdeckungen der Physiologie. Wir wissen jetzt, daß ein Mensch mittels mannigfacher Prozeduren in einen solchen Zustand versetzt werden kann, daß er nach Verlust seiner ganzen bewußten Persönlichkeit allen Suggestionen desjenigen gehorcht, der ihn seines Persönlichkeitsbewußtseins beraubt hat, und daß er die zu seinem Charakter und seinen Gewohnheiten in schärfstem Gegensatz stehenden Handlungen begeht. Nun scheinen sehr sorgfältige Beobachtungen darzutun, daß ein, eine Zeitlang im Schoße einer tätigen Masse eingebettetes Individuum in Bälde — durch Ausströmungen, die von ihr ausgehen, oder sonst eine unbekannte Ursache — sich in einem Sonderzustand befindet, der sich sehr der Faszination nähert, die den Hypnotisierten unter dem Einfluß des Hypnotisators befällt ... Die bewußte Persönlichkeit ist völlig geschwunden, Wille und Unterscheidungsvermögen fehlen, alle Gefühle und Gedanken sind nach der durch den Hypnotisator hergestellten Richtung orientiert.

So ungefähr verhält sich auch der Zustand des einer psychologischen Masse angehörenden Individuums. Es ist sich seiner Handlungen nicht mehr bewußt. Wie beim Hypnotisierten können bei ihm, während zugleich gewisse Fähigkeiten aufgehoben sind, andere auf einen Grad höchster Stärke gebracht werden. Unter dem Einflusse einer Suggestion wird es sich mit einem unwiderstehlichen Triebe an die Ausführung bestimmter Handlungen machen. Und dieses Ungestüm ist bei den Massen noch unwiderstehlicher als beim Hypnotisierten, weil die für alle Individuen gleiche Suggestion durch Gegenseitigkeit anwächst.«

(S. 17.) »Die Hauptmerkmale des in der Masse befindlichen Individuums sind demnach: Schwund der bewußten Persönlichkeit, Vorherrschaft der unbewußten Persönlichkeit, Orientierung der Gedanken und Gefühle in derselben Richtung durch Suggestion und Ansteckung, Tendenz zur unverzüglichen Verwirklichung der suggerierten Ideen. Das Individuum ist nicht mehr es selbst, es ist ein willenloser Automat geworden.«

Ich habe dieses Zitat so ausführlich wiedergegeben, um zu bekräftigen, daß *Le Bon* den Zustand des Individuums in der Masse wirklich für einen hypnotischen erklärt, nicht etwa ihn bloß mit einem solchen vergleicht. Wir beabsichtigen hier keinen Widerspruch, wollen nur hervorheben, daß die beiden letzten Ursachen der Veränderung des Einzelnen in der Masse, die Ansteckung und die höhere Suggerierbarkeit, offenbar nicht gleichartig sind, da ja die Ansteckung auch eine Äußerung der Suggerierbarkeit sein soll. Auch die Wirkungen der beiden Momente scheinen uns im Text *Le Bons* nicht scharf geschieden. Vielleicht deuten wir seine Äußerung am besten aus, wenn wir die Ansteckung auf die Wirkung der einzelnen Mitglieder der Masse aufeinander beziehen, während die mit den Phänomenen der hypnotischen Beeinflussung gleichgestellten Suggestionserscheinungen in der Masse auf eine andere Quelle hinweisen. Auf welche aber? Es muß uns als eine empfindliche Unvollständigkeit berühren, daß eines der Hauptstücke dieser Angleichung, nämlich die Person, welche für die Masse den Hypnotiseur ersetzt, in der Darstellung *Le Bons* nicht erwähnt wird. Immerhin unterscheidet er von diesem im Dunkeln gelassenen faszinierenden Einfluß die ansteckende Wirkung, die die Einzelnen aufeinander ausüben, durch welche die ursprüngliche Suggestion verstärkt wird.

Noch ein wichtiger Gesichtspunkt für die Beurteilung des Massenindividuums: (S. 17.) »Ferner steigt durch die bloße Zugehörigkeit zu einer organisierten Masse der Mensch mehrere Stufen auf der Leiter der Zivilisation herab. In seiner Vereinzelung war er vielleicht ein gebildetes Individuum, in der Masse ist er ein Barbar, das heißt ein Triebwesen. Er besitzt die Spontaneität, die Heftigkeit, die Wildheit und auch den Enthusiasmus und Heroismus primitiver Wesen.« Er verweilt dann noch besonders bei der Herabsetzung der intellektuellen Leistung, die der Einzelne durch sein Aufgehen in der Masse erfährt.[1]

Verlassen wir nun den Einzelnen und wenden wir uns zur Beschreibung der Massenseele, wie *Le Bon* sie entwirft. Es ist kein Zug darin, dessen Ableitung und Unterbringung dem Psychoanalytiker Schwierigkeiten bereiten würde. *Le Bon* weist uns selbst den Weg, indem er auf die Übereinstimmung mit dem Seelenleben der Primitiven und der Kinder hinweist. (S. 19.)

Die Masse ist impulsiv, wandelbar und reizbar. Sie wird fast ausschließlich vom Unbewußten geleitet.[2] Die Impulse, denen die Masse gehorcht, können je nach Umständen edel oder grausam, heroisch oder feige sein, jedenfalls aber sind sie so gebieterisch, daß nicht das persönliche, nicht einmal das Interesse der Selbsterhaltung zur Geltung kommt. (S. 20.) Nichts ist bei ihr vorbedacht. Wenn sie auch die Dinge leidenschaftlich begehrt, so doch nie für lange, sie ist unfähig zu einem Dauerwillen. Sie verträgt keinen Aufschub zwischen ihrem Begehren und der Verwirklichung des Begehrten. Sie hat das Gefühl der Allmacht, für das Individuum in der Masse schwindet der Begriff des Unmöglichen.[3]

Die Masse ist außerordentlich beeinflußbar und leichtgläubig, sie ist kritiklos, das Unwahrscheinliche existiert für sie nicht. Sie denkt in Bildern, die einander assoziativ hervorrufen, wie sie sich beim Einzelnen in Zuständen des freien Phantasierens einstellen, und die von keiner verständigen Instanz an der

1 Vergleiche das *Schillersche* Distichon:
    Jeder, sieht man ihn einzeln, ist leidlich klug und verständig;
    Sind sie in corpore, gleich wird euch ein Dummkopf daraus.
2 Unbewußt wird von *Le Bon* richtig im Sinne der Deskription gebraucht, wo es nicht allein das »Verdrängte« bedeutet.
3 Vergleiche *Totem und Tabu* III., Animismus, Magie und Allmacht der Gedanken. (Ges. Werke, Bd. IX.)

16

Übereinstimmung mit der Wirklichkeit gemessen werden. Die Gefühle der Masse sind stets sehr einfach und sehr überschwenglich. Die Masse kennt also weder Zweifel noch Ungewißheit.[1]

Sie geht sofort zum Äußersten, der ausgesprochene Verdacht wandelt sich bei ihr sogleich in unumstößliche Gewißheit, ein Keim von Antipathie wird zum wilden Haß. (S. 32.)[2]

Selbst zu allen Extremen geneigt, wird die Masse auch nur durch übermäßige Reize erregt. Wer auf sie wirken will, bedarf keiner logischen Abmessung seiner Argumente, er muß in den kräftigsten Bildern malen, übertreiben und immer das Gleiche wiederholen.

Da die Masse betreffs des Wahren oder Falschen nicht im Zweifel ist und dabei das Bewußtsein ihrer großen Kraft hat, ist sie ebenso intolerant wie autoritätsgläubig. Sie respektiert die Kraft und läßt sich von der Güte, die für sie nur eine Art von Schwäche bedeutet, nur mäßig beeinflussen. Was sie von ihren Helden verlangt, ist Stärke, selbst Gewalttätigkeit. Sie will beherrscht und unterdrückt werden und ihren Herrn fürchten. Im Grunde durchaus konservativ, hat sie tiefen Abscheu vor allen Neuerungen und Fortschritten und unbegrenzte Ehrfurcht vor der Tradition. (S. 37.)

Um die Sittlichkeit der Massen richtig zu beurteilen, muß man in Betracht ziehen, daß im Beisammensein der Massenindividuen alle individuellen Hemmungen entfallen und alle grau-

---

1 In der Deutung der Träume, denen wir ja unsere beste Kenntnis vom unbewußten Seelenleben verdanken, befolgen wir die technische Regel, daß von Zweifel und Unsicherheit in der Traumerzählung abgesehen und jedes Element des manifesten Traumes als gleich gesichert behandelt wird. Wir leiten Zweifel und Unsicherheit von der Einwirkung der Zensur ab, welcher die Traumarbeit unterliegt, und nehmen an, daß die primären Traumgedanken Zweifel und Unsicherheit als kritische Leistung nicht kennen. Als Inhalte mögen sie natürlich, wie alles andere, in den zum Traum führenden Tagesresten vorkommen. (S. Traumdeutung, 7. Aufl. 1922, S. 386.)

2 Die nämliche Steigerung aller Gefühlsregungen zum Extremen und Maßlosen gehört auch der Affektivität des Kindes an und findet sich im Traumleben wieder, wo dank der im Unbewußten vorherrschenden Isolierung der einzelnen Gefühlsregungen ein leiser Ärger vom Tage sich als Todeswunsch gegen die schuldige Person zum Ausdruck bringt oder ein Anflug irgend einer Versuchung zum Anstoß einer im Traum dargestellten verbrecherischen Handlung wird. Zu dieser Tatsache hat Dr. Hanns *Sachs* die hübsche Bemerkung gemacht: »Was der Traum uns an Beziehungen zur Gegenwart (Realität) kundgetan hat, wollen wir dann auch im Bewußtsein aufsuchen und dürfen uns nicht wundern, wenn wir das Ungeheuer, das wir unter dem Vergrößerungsglas der Analyse gesehen haben, als Infusionstierchen wiederfinden.« (S. Traumdeutung, 7. Aufl. 1922, S. 457.)

17

samen, brutalen, destruktiven Instinkte, die als Überbleibsel der Urzeit im Einzelnen schlummern, zur freien Triebbefriedigung geweckt werden. Aber die Massen sind auch unter dem Einfluß der Suggestion hoher Leistungen von Entsagung, Uneigennützigkeit, Hingebung an ein Ideal fähig. Während der persönliche Vorteil beim isolierten Individuum so ziemlich die einzige Triebfeder ist, ist er bei den Massen sehr selten vorherrschend. Man kann von einer Versittlichung des Einzelnen durch die Masse sprechen (S. 39). Während die intellektuelle Leistung der Masse immer tief unter der des Einzelnen steht, kann ihr ethisches Verhalten dies Niveau ebenso hoch überragen, wie tief darunter herabgehen.

Ein helles Licht auf die Berechtigung, die Massenseele mit der Seele der Primitiven zu identifizieren, werfen einige andere Züge der *Le Bon*schen Charakteristik. Bei den Massen können die entgegengesetztesten Ideen nebeneinander bestehen und sich miteinander vertragen, ohne daß sich aus deren logischem Widerspruch ein Konflikt ergäbe. Dasselbe ist aber im unbewußten Seelenleben der Einzelnen, der Kinder und der Neurotiker der Fall, wie die Psychoanalyse längst nachgewiesen hat.[1]

Ferner unterliegt die Masse der wahrhaft magischen Macht

---

[1] Beim kleinen Kinde bestehen zum Beispiel ambivalente Gefühlseinstellungen gegen die ihm nächsten Personen lange Zeit nebeneinander, ohne daß die eine die ihr entgegengesetzte in ihrem Ausdruck stört. Kommt es dann endlich zum Konflikt zwischen den beiden, so wird er oft dadurch erledigt, daß das Kind das Objekt wechselt, die eine der ambivalenten Regungen auf ein Ersatzobjekt verschiebt. Auch aus der Entwicklungsgeschichte einer Neurose beim Erwachsenen kann man erfahren, daß eine unterdrückte Regung sich häufig lange Zeit in unbewußten oder selbst bewußten Phantasien fortsetzt, deren Inhalt natürlich einer herrschenden Strebung direkt zuwiderläuft, ohne daß sich aus diesem Gegensatz ein Einschreiten des Ichs gegen das von ihm Verworfene ergäbe. Die Phantasie wird eine ganze Weile übertoleriert, bis sich plötzlich einmal, gewöhnlich infolge einer Steigerung der affektiven Besetzung derselben, der Konflikt zwischen ihr und dem Ich mit allen seinen Folgen herstellt.

Im Fortschritt der Entwicklung vom Kinde zum reifen Erwachsenen kommt es überhaupt zu einer immer weiter greifenden *Integration* der Persönlichkeit, zu einer Zusammenfassung der einzelnen, unabhängig voneinander in ihr gewachsenen Triebregungen und Zielstrebungen. Der analoge Vorgang auf dem Gebiet des Sexuallebens ist uns als Zusammenfassung aller Sexualtriebe zur definitiven Genitalorganisation lange bekannt. (Drei Abhandlungen zur Sexualtheorie, 1905. Ges. Werke Bd. V.) Daß die Vereinheitlichung des Ichs übrigens dieselben Störungen erfahren kann wie die der Libido, zeigen vielfache, sehr bekannte Beispiele, wie das der Naturforscher, die bibelgläubig geblieben sind, und andere. Die verschiedenen Möglichkeiten eines späteren Zerfalls des Ichs bilden ein besonderes Kapitel der Psychopathologie.

von Worten, die in der Massenseele die furchtbarsten Stürme hervorrufen und sie auch besänftigen können (S. 74). »Mit Vernunft und Argumenten kann man gegen gewisse Worte und Formeln nicht ankämpfen. Man spricht sie mit Andacht vor den Massen aus, und sogleich werden die Mienen respektvoll und die Köpfe neigen sich. Von vielen werden sie als Naturkräfte oder als übernatürliche Mächte betrachtet.« (S. 75.) Man braucht sich dabei nur an die Tabu der Namen bei den Primitiven, an die magischen Kräfte, die sich ihnen an Namen und Worte knüpfen, zu erinnern.[1]

Und endlich: Die Massen haben nie den Wahrheitsdurst gekannt. Sie fordern Illusionen, auf die sie nicht verzichten können. Das Irreale hat bei ihnen stets den Vorrang vor dem Realen, das Unwirkliche beeinflußt sie fast ebenso stark wie das Wirkliche. Sie haben die sichtliche Tendenz, zwischen beiden keinen Unterschied zu machen (S. 47).

Diese Vorherrschaft des Phantasielebens und der vom unerfüllten Wunsch getragenen Illusion haben wir als bestimmend für die Psychologie der Neurosen aufgezeigt. Wir fanden, für die Neurotiker gelte nicht die gemeine objektive, sondern die psychische Realität. Ein hysterisches Symptom gründe sich auf Phantasie, anstatt auf die Wiederholung wirklichen Erlebens, ein zwangsneurotisches Schuldbewußtsein auf die Tatsache eines bösen Vorsatzes, der nie zur Ausführung gekommen. Ja, wie im Traum und in der Hypnose, tritt in der Seelentätigkeit der Masse die Realitätsprüfung zurück gegen die Stärke der affektiv besetzten Wunschregungen.

Was *Le Bon* über die Führer der Massen sagt, ist weniger erschöpfend und läßt das Gesetzmäßige nicht so deutlich durchschimmern. Er meint, sobald lebende Wesen in einer gewissen Anzahl vereinigt sind, einerlei, ob eine Herde Tiere oder eine Menschenmenge, stellen sie sich instinktiv unter die Autorität eines Oberhauptes (S. 86). Die Masse ist eine folgsame Herde, die nie ohne Herrn zu leben vermag. Sie hat einen solchen Durst zu gehorchen, daß sie sich jedem, der sich zu ihrem Herrn ernennt, instinktiv unterordnet.

Kommt so das Bedürfnis der Masse dem Führer entgegen, so muß er ihm doch durch persönliche Eigenschaften entsprechen.

1 Siehe »Totem und Tabu«.

Er muß selbst durch einen starken Glauben (an eine Idee) faszeniert sein, um Glauben in der Masse zu erwecken, er muß einen starken, imponierenden Willen besitzen, den die willenlose Masse von ihm annimmt. *Le Bon* bespricht dann die verschiedenen Arten von Führern und die Mittel, durch welche sie auf die Masse wirken. Im ganzen läßt er die Führer durch die Ideen zur Bedeutung kommen, für die sie selbst fanatisiert sind.

Diesen Ideen wie den Führern schreibt er überdies eine geheimnisvolle, unwiderstehliche Macht zu, die er »Prestige« benennt. Das Prestige ist eine Art Herrschaft, die ein Individuum, ein Werk oder eine Idee über uns übt. Sie lähmt all unsere Fähigkeit zur Kritik und erfüllt uns mit Staunen und Achtung. Sie dürfte ein Gefühl hervorrufen, ähnlich wie das der Faszination der Hypnose (S. 96).

Er unterscheidet erworbenes oder künstliches und persönliches Prestige. Das erstere wird bei Personen durch Name, Reichtum, Ansehen verliehen, bei Anschauungen, Kunstwerken und dergleichen durch Tradition. Da es in allen Fällen auf die Vergangenheit zurückgreift, wird es für das Verständnis dieses rätselhaften Einflusses wenig leisten. Das persönliche Prestige haftet an wenigen Personen, die durch dasselbe zu Führern werden, und macht, daß ihnen alles wie unter der Wirkung eines magnetischen Zaubers gehorcht. Doch ist jedes Prestige auch vom Erfolg abhängig und geht durch Mißerfolge verloren (S. 103).

Man gewinnt nicht den Eindruck, daß bei *Le Bon* die Rolle der Führer und die Betonung des Prestiges in richtigen Einklang mit der so glänzend vorgetragenen Schilderung der Massenseele gebracht worden ist.

III
Andere Würdigungen des kollektiven Seelenlebens

Wir haben uns der Darstellung von *Le Bon* als Einführung bedient, weil sie in der Betonung des unbewußten Seelenlebens so sehr mit unserer eigenen Psychologie zusammentrifft. Nun müssen wir aber hinzufügen, daß eigentlich keine der Behauptungen dieses Autors etwas Neues bringt. Alles, was er Abträgliches und Herabsetzendes über die Äußerungen der Massenseele sagt, ist schon vor ihm ebenso bestimmt und ebenso feindselig von anderen gesagt worden, wird seit den ältesten Zeiten der Literatur von Denkern, Staatsmännern und Dichtern gleichlautend so wiederholt.[1] Die beiden Sätze, welche die wichtigsten Ansichten *Le Bons* enthalten, der von der kollektiven Hemmung der intellektuellen Leistung und der von der Steigerung der Affektivität in der Masse waren kurz vorher von *Sighele* formuliert worden.[2] Im Grude erübrigen als *Le Bon* eigentlich nur die beiden Gesichtspunkte des Unbewußten und des Vergleiches mit dem Seelenleben der Primitiven, auch diese natürlich oftmals von ihm berührt.

Aber noch mehr, die Beschreibung und Würdigung der Massenseele, wie *Le Bon* und die anderen sie geben, ist auch keineswegs unangefochten geblieben. Kein Zweifel, daß alle die vorhin beschriebenen Phänomene der Massenseele richtig beobachtet worden sind, aber es lassen sich auch andere, geradezu entgegengesetzt wirkende Äußerungen der Massenbildung erkennen, aus denen man dann eine weit höhere Einschätzung der Massenseele ableiten muß.

Auch *Le Bon* war bereit, zuzugestehen, daß die Sittlichkeit der Masse unter Umständen höher sein kann als die der sie zusammensetzenden Einzelnen, und daß nur die Gesamtheiten hoher Uneigennützigkeit und Hingebung fähig sind.

(S. 38.) »Während der persönliche Vorteil beim isolierten Individuum so ziemlich die einzige Triebfeder ist, ist er bei den Massen sehr selten vorherrschend.«

1 Vergleiche den Text und das Literaturverzeichnis in B. *Kraškovic* jun., Die Psychologie der Kollektivitäten. Aus dem Kroatischen übersetzt von Siegmund von *Posavec*. Vukovar 1915.
2 Siehe Walter *Moede*, Die Massen- und Sozialpsychologie im kritischen Überblick. Zeitschrift für pädagogische Psychologie und experimentelle Pädagogik von *Meumann* und *Scheibner*, XVI, 1915.

Andere machen geltend, daß es überhaupt erst die Gesellschaft ist, welche dem Einzelnen die Normen der Sittlichkeit vorschreibt, während der Einzelne in der Regel irgendwie hinter diesen hohen Ansprüchen zurückbleibt. Oder daß in Ausnahmezuständen in einer Kollektivität das Phänomen der Begeisterung zustande kommt, welches die großartigsten Massenleistungen ermöglicht hat.

In Betreff der intellektuellen Leistung bleibt zwar bestehen, daß die großen Entscheidungen der Denkarbeit, die folgenschweren Entdeckungen und Problemlösungen nur dem Einzelnen, der in der Einsamkeit arbeitet, möglich sind. Aber auch die Massenseele ist genialer geistiger Schöpfungen fähig, wie vor allem die Sprache selbst beweist, sodann das Volkslied, Folklore und anderes. Und überdies bleibt es dahingestellt, wieviel der einzelne Denker oder Dichter den Anregungen der Masse, in welcher er lebt, verdankt, ob er mehr als der Vollender einer seelischen Arbeit ist, an der gleichzeitig die anderen mitgetan haben.

Angesichts dieser vollkommenen Widersprüche scheint es ja, daß die Arbeit der Massenpsychologie ergebnislos verlaufen müsse. Allein es ist leicht, einen hoffnungsvolleren Ausweg zu finden. Man hat wahrscheinlich als »Massen« sehr verschiedene Bildungen zusammengefaßt, die einer Sonderung bedürfen. Die Angaben von *Sighele*, *Le Bon* und anderen beziehen sich auf Massen kurzlebiger Art, die rasch durch ein vorübergehendes Interesse aus verschiedenartigen Individuen zusammengeballt werden. Es ist unverkennbar, daß die Charaktere der revolutionären Massen, besonders der großen französischen Revolution, ihre Schilderungen beeinflußt haben. Die gegensätzlichen Behauptungen stammen aus der Würdigung jener stabilen Massen oder Vergesellschaftungen, in denen die Menschen ihr Leben zubringen, die sich in den Institutionen der Gesellschaft verkörpern. Die Massen der ersten Art sind den letzteren gleichsam aufgesetzt, wie die kurzen, aber hohen Wellen den langen Dünungen der See.

Mc Dougall, der in seinem Buch *The Group Mind*[1] von dem nämlichen, oben erwähnten Widerspruch ausgeht, findet die Lösung desselben im Moment der Organisation. Im einfach-

1 Cambridge, 1920.

sten Falle, sagt er, besitzt die Masse *(group)* überhaupt keine Organisation oder eine kaum nennenswerte. Er bezeichnet eine solche Masse als einen Haufen *(crowd)*. Doch gesteht er zu, daß ein Haufen Menschen nicht leicht zusammenkommt, ohne daß sich in ihm wenigstens die ersten Anfänge einer Organisation bildeten, und daß gerade an diesen einfachen Massen manche Grundtatsachen der Kollektivpsychologie besonders leicht zu erkennen sind (S. 22). Damit sich aus den zufällig zusammengewehten Mitgliedern eines Menschenhaufens etwas wie eine Masse im psychologischen Sinne bilde, wird als Bedingung erfordert, daß diese Einzelnen etwas miteinander gemein haben, ein gemeinsames Interesse an einem Objekt, eine gleichartige Gefühlsrichtung in einer gewissen Situation und (ich würde einsetzen: infolgedessen) ein gewisses Maß von Fähigkeit, sich untereinander zu beeinflussen. *(Some degree of reciprocal influence between the members of the group.)* (S. 23.) Je stärker diese Gemeinsamkeiten *(this mental homogeneity)* sind, desto leichter bildet sich aus den Einzelnen eine psychologische Masse und desto auffälliger äußern sich die Kundgebungen einer »Massenseele«.

Das merkwürdigste und zugleich wichtigste Phänomen der Massenbildung ist nun die bei jedem Einzelnen hervorgerufene Steigerung der Affektivität *(exaltation or intensification of emotion)* (S. 24). Man kann sagen, meint *Mc Dougall*, daß die Affekte der Menschen kaum unter anderen Bedingungen zu solcher Höhe anwachsen, wie es in einer Masse geschehen kann, und zwar ist es eine genußreiche Empfindung für die Beteiligten, sich so schrankenlos ihren Leidenschaften hinzugeben und dabei in der Masse aufzugehen, das Gefühl ihrer individuellen Abgrenzung zu verlieren. Dies Mitfortgerissenwerden der Individuen erklärt *Mc Dougall* aus dem von ihm so genannten »*principle of direct induction of emotion by way of the primitive sympathetic response*« (S. 25), das heißt durch die uns bereits bekannte Gefühlsansteckung. Die Tatsache ist die, daß die wahrgenommenen Zeichen eines Affektzustandes geeignet sind, bei dem Wahrnehmenden automatisch denselben Affekt hervorzurufen. Dieser automatische Zwang wird um so stärker an je mehr Personen gleichzeitig derselbe Affekt bemerkbar ist. Dann schweigt die Kritik des Einzelnen und er läßt sich in denselben Affekt gleiten. Dabei erhöht er aber die Erregung der anderen, die auf ihn gewirkt hatten, und so steigert sich die Affektladung der Einzelnen durch gegenseitige Induktion. Es ist unverkennbar etwas wie ein Zwang dabei wirksam, es den anderen gleichzutun, im Einklang mit den Vielen zu bleiben. Die gröberen und einfacheren Gefühlsregungen haben die größere Aussicht, sich auf solche Weise in einer Masse zu verbreiten (S. 39).

Dieser Mechanismus der Affektsteigerung wird noch durch einige andere, von der Masse ausgehende Einflüsse begünstigt. Die Masse macht dem Einzelnen den Eindruck einer unbeschränkten Macht und einer unbesiegbaren Gefahr. Sie hat sich für den Augenblick an die Stelle der gesamten menschlichen Gesellschaft gesetzt, welche die Trägerin der Autorität ist, deren Strafen man gefürchtet, der zuliebe man sich so viele Hemmungen auferlegt hat. Es ist offenbar gefährlich, sich in Widerspruch mit ihr zu setzen, und man ist sicher, wenn man dem ringsumher sich zeigenden Beispiel folgt, also eventuell sogar »mit den Wölfen heult«. Im Gehorsam gegen die neue Autorität darf man sein früheres »Gewissen« außer Tätigkeit setzen und dabei der Lockung des Lustgewinnes nachgeben, den man sicherlich durch die Aufhebung seiner Hemmungen erzielt. Es ist also im ganzen nicht so merkwürdig, wenn wir den Einzelnen in der Masse Dinge tun oder gutheißen sehen, von denen er sich unter seinen gewohnten Lebensbedingungen abgewendet hätte, und wir können selbst die Hoffnung fassen, auf diese Weise ein Stück der Dunkelheit zu lichten, die man mit dem Rätselwort der »Suggestion« zu decken pflegt.

Dem Satz von der kollektiven Intelligenzhemmung in der Masse widerspricht auch *Mc Dougall* nicht (S. 41). Er sagt, die geringeren Intelligenzen ziehen die größeren auf ihr Niveau herab. Die letzteren werden in ihrer Betätigung gehemmt, weil die Steigerung der Affektivität überhaupt ungünstige Bedingungen für korrekte geistige Arbeit schafft, ferner weil die Einzelnen durch die Masse eingeschüchtert sind und ihre Denkarbeit nicht frei ist, und weil bei jedem Einzelnen das Bewußtsein der Verantwortlichkeit für seine Leistung herabgesetzt wird.

Das Gesamturteil über die psychische Leistung einer einfachen, »unorganisierten« Masse lautet bei *Mc Dougall* nicht freundlicher als bei *Le Bon*. Eine solche Masse ist (S. 45): überaus erregbar, impulsiv, leidenschaftlich, wankelmütig, inkonsequent, unentschlossen und dabei zum Äußersten bereit in ihren Handlungen, zugänglich nur für die gröberen Leidenschaften und einfacheren Gefühle, außerordentlich suggestibel, leichtsinnig in ihren Überlegungen, heftig in ihren Urteilen, aufnahmefähig nur für die einfachsten und unvollkommensten Schlüsse und Argumente, leicht zu lenken und zu erschüttern, ohne Selbstbewußtsein, Selbstachtung und Verantwortlichkeitsgefühl, aber bereit, sich von ihrem Kraftbewußtsein zu allen Untaten fortreißen zu lassen, die wir nur von einer absoluten und unverantwortlichen Macht erwarten können. Sie benimmt sich also eher wie ein ungezogenes Kind oder wie ein leidenschaftlicher, nicht beaufsichtigter Wilder in einer ihm fremden Situation; in den schlimmsten Fällen ist ihr Benehmen eher das eines Rudels von wilden Tieren als von menschlichen Wesen.

Da *Mc Dougall* das Verhalten der hoch organisierten Massen in Gegensatz zu dem hier Geschilderten bringt, werden wir besonders gespannt sein zu erfahren, worin diese Organisation besteht und durch welche Momente sie hergestellt wird. Der Autor zählt fünf dieser »*principal conditions*« für die Hebung des seelischen Lebens der Masse auf ein höheres Niveau auf.

Die erste grundlegende Bedingung ist ein gewisses Maß von Kontinuität im Bestand der Masse. Diese kann eine materielle oder eine formale sein, das erstere, wenn dieselben Personen längere Zeit in der Masse verbleiben, das andere, wenn innerhalb der Masse bestimmte Stellungen entwickelt sind, die den einander ablösenden Personen angewiesen werden.

Die zweite, daß sich in dem Einzelnen der Masse eine bestimmte Vorstellung von der Natur, der Funktion, den Leistungen und Ansprüchen der Masse gebildet hat, so daß sich daraus für ihn ein Gefühlsverhältnis zum Ganzen der Masse ergeben kann.

Die dritte, daß die Masse in Beziehung zu anderen, ihr ähnlichen, aber doch von ihr in vielen Punkten abweichenden Massenbildungen gebracht wird, etwa daß sie mit diesen rivalisiert.

Die vierte, daß die Masse Traditionen, Gebräuche und Ein-

richtungen besitzt, besonders solche, die sich auf das Verhältnis ihrer Mitglieder zueinander beziehen.

Die fünfte, daß es in der Masse eine Gliederung gibt, die sich
in der Spezialisierung und Differenzierung der dem Einzelnen
zufallenden Leistung ausdrückt.

Durch die Erfüllung dieser Bedingungen werden nach *Mc
Dougall* die psychischen Nachteile der Massenbildung aufgehoben. Gegen die kollektive Herabsetzung der Intelligenzlei-
stung schützt man sich dadurch, daß man die Lösung der
intellektuellen Aufgaben der Masse entzieht und sie Einzelnen
in ihr vorbehält.

Es scheint uns, daß man die Bedingung, die *Mc Dougall* als
»Organisation« der Masse bezeichnet hat, mit mehr Berechtigung anders beschreiben kann. Die Aufgabe besteht darin, der
Masse gerade jene Eigenschaften zu verschaffen, die für das
Individuum charakteristisch waren und die bei ihm durch die
Massenbildung ausgelöscht wurden. Denn das Individuum
hatte — außerhalb der primitiven Masse — seine Kontinuität,
sein Selbstbewußtsein, seine Traditionen und Gewohnheiten,
seine besondere Arbeitsleistung und Einreihung und hielt sich
von anderen gesondert, mit denen es rivalisierte. Diese Eigenart hatte es durch seinen Eintritt in die nicht »organisierte«
Masse für eine Zeit verloren. Erkennt man so als Ziel, die
Masse mit den Attributen des Individuums auszustatten, so
wird man an eine gehaltreiche Bemerkung von *W. Trotter*[1]
gemahnt, der in der Neigung zur Massenbildung eine biolo-
gische Fortführung der Vielzelligkeit aller höheren Organis-
men erblickt.[2]

---

[1] Instincts of the Herd in Peace and War. London 1916.
[2] Ich kann im Gegensatz zu einer sonst verständnisvollen und scharfsinnigen
Kritik von Hans *Kelsen* (Imago VIII/2, 1922) nicht zugeben, daß eine solche Aus-
stattung der »Massenseele« mit Organisation eine Hypostasierung derselben, das
heißt die Zuerkennung einer Unabhängigkeit von den seelischen Vorgängen im
Individuum bedeute.

IV
Suggestion und Libido

Wir sind von der Grundtatsache ausgegangen, daß ein Einzelner innerhalb einer Masse durch den Einfluß derselben eine oft tiefgreifende Veränderung seiner seelischen Tätigkeit erfährt. Seine Affektivität wird außerordentlich gesteigert, seine intellektuelle Leistung merklich eingeschränkt, beide Vorgänge offenbar in der Richtung einer Angleichung an die anderen Massenindividuen; ein Erfolg, der nur durch die Aufhebung der jedem Einzelnen eigentümlichen Triebhemmungen und durch den Verzicht auf die ihm besonderen Ausgestaltungen seiner Neigungen erreicht werden kann. Wir haben gehört, daß diese oft unerwünschten Wirkungen durch eine höhere »Organisation« der Massen wenigstens teilweise hintangehalten werden, aber der Grundtatsache der Massenpsychologie, den beiden Sätzen von der Affektsteigerung und der Denkhemmung in der primitiven Masse ist dadurch nicht widersprochen worden. Unser Interesse geht nun dahin, für diese seelische Wandlung des Einzelnen in der Masse die psychologische Erklärung zu finden.
Rationelle Momente, wie die vorhin erwähnte Einschüchterung des Einzelnen, also die Aktion seines Selbsterhaltungstriebes, decken offenbar die zu beobachtenden Phänomene nicht. Was uns sonst als Erklärung von den Autoren über Soziologie und Massenpsychologie geboten wird, ist immer das nämliche, wenn auch unter wechselnden Namen: das Zauberwort der *Suggestion*. Bei *Tarde* hieß sie *Nachahmung*, aber wir müssen einem Autor recht geben, der uns vorhält, die Nachahmung falle unter den Begriff der Suggestion, sei eben eine Folge derselben.[1] Bei *Le Bon* wurde alles Befremdende der sozialen Erscheinungen auf zwei Faktoren zurückgeführt, auf die gegenseitige Suggestion der Einzelnen und das Prestige der Führer. Aber das Prestige äußert sich wiederum nur in der Wirkung, Suggestion hervorzurufen. Bei *Mc Dougall* konnten wir einen Moment lang den Eindruck empfangen, daß sein Prinzip der »primären Affektinduktion« die Annahme der Suggestion entbehrlich mache. Aber bei weiterer

1 *Brugeilles*, L'essence du phénomène social: La suggestion. Revue philosophique XXV. 1913.

Überlegung müssen wir doch einsehen, daß dies Prinzip nichts anderes aussagt als die bekannten Behauptungen der »Nachahmung« oder »Ansteckung«, nur unter entschiedener Betonung des affektiven Moments. Daß eine derartige Tendenz in uns besteht, wenn wir ein Zeichen eines Affektzustandes bei einem anderen gewahren, in denselben Affekt zu verfallen, ist unzweifelhaft, aber wie oft widerstehen wir ihr erfolgreich, weisen den Affekt ab, reagieren oft in ganz gegensätzlicher Weise? Warum also geben wir dieser Ansteckung in der Masse regelmäßig nach? Man wird wiederum sagen müssen, es sei der suggestive Einfluß der Masse, der uns nötigt, dieser Nachahmungstendenz zu gehorchen, der den Affekt in uns induziert. Übrigens kommen wir auch sonst bei *Mc Dougall* nicht um die Suggestion herum; wir hören von ihm wie von anderen: die Massen zeichnen sich durch besondere Suggestibilität aus.

Man wird so für die Aussage vorbereitet, die Suggestion (richtiger die Suggerierbarkeit) sei eben ein weiter nicht reduzierbares Urphänomen, eine Grundtatsache des menschlichen Seelenlebens. So hielt es auch *Bernheim*, von dessen erstaunlichen Künsten ich im Jahre 1889 Zeuge war. Ich weiß mich aber auch damals an eine dumpfe Gegnerschaft gegen diese Tyrannei der Suggestion zu erinnern. Wenn ein Kranker, der sich nicht gefügig zeigte, angeschrieen wurde: Was tun Sie denn? *Vous vous contre-suggestionnez!* so sagte ich mir, das sei offenbares Unrecht und Gewalttat. Der Mann habe zu Gegensuggestionen gewiß ein Recht, wenn man ihn mit Suggestionen zu unterwerfen versuche. Mein Widerstand nahm dann später die Richtung einer Auflehnung dagegen, daß die Suggestion, die alles erklärte, selbst der Erklärung entzogen sein sollte. Ich wiederholte mit Bezug auf sie die alte Scherzfrage:[1]

Christoph trug Christum,
Christus trug die ganze Welt,
Sag', wo hat Christoph
Damals hin den Fuß gestellt?

[1] Konrad *Richter*. Der deutsche St. Christoph. Berlin 1896. Acta Germanica V, 1.

Christophorus Christum, sed Christus sustulit orbem:
Constiterit pedibus dic ubi Christophorus?

Wenn ich nun nach etwa dreißigjähriger Fernhaltung wieder
an das Rätsel der Suggestion herantrete, finde ich, daß sich
nichts daran geändert hat. Von einer einzigen Ausnahme, die
eben den Einfluß der Psychoanalyse bezeugt, darf ich ja bei
dieser Behauptung absehen. Ich sehe, daß man sich besonders
darum bemüht, den Begriff der Suggestion korrekt zu formu-
lieren, also den Gebrauch des Namens konventionell festzu-
legen,[1] und dies ist nicht überflüssig, denn das Wort geht
einer immer weiteren Verwendung mit aufgelockerter Bedeutung entgegen und wird bald jede beliebige Beeinflussung bezeichnen wie im Englischen, wo »*to suggest, suggestion*«
unserem »Nahelegen«, unserer »Anregung« entspricht. Aber
über das Wesen der Suggestion, das heißt über die Bedingungen, unter denen sich Beeinflussungen ohne zureichende logi-
sche Begründung herstellen, hat sich eine Aufklärung nicht
ergeben. Ich würde mich der Aufgabe nicht entziehen, diese
Behauptung durch die Analyse der Literatur dieser letzten
dreißig Jahre zu erhärten, allein ich unterlasse es, weil mir
bekannt ist, daß in meiner Nähe eine ausführliche Untersuchung vorbereitet wird, welche sich eben diese Aufgabe gestellt hat.[2]
Anstatt dessen werde ich den Versuch machen, zur Aufklärung der Massenpsychologie den Begriff der *Libido* zu verwenden, der uns im Studium der Psychoneurosen so gute
Dienste geleistet hat.
Libido ist ein Ausdruck aus der Affektivitätslehre. Wir heißen
so die als quantitative Größe betrachtete — wenn auch derzeit
nicht meßbare — Energie solcher Triebe, welche mit all dem
zu tun haben, was man als Liebe zusammenfassen kann. Den
Kern des von uns Liebe Geheißenen bildet natürlich, was man
gemeinhin Liebe nennt und was die Dichter besingen, die Geschlechtsliebe mit dem Ziel der geschlechtlichen Vereinigung.
Aber wir trennen davon nicht ab, was auch sonst an dem
Namen Liebe Anteil hat, einerseits die Selbstliebe, andererseits

1 So *Mc Dougall* im »Journal of Neurology and Psychopathology«, Vol. 1, No. 1,
May 1920: A note on suggestion.
2 (*Zusatz 1924*): Diese Arbeit ist dann leider nicht zustande gekommen.

die Eltern- und Kindesliebe, die Freundschaft und die allgemeine Menschenliebe, auch nicht die Hingebung an konkrete Gegenstände und an abstrakte Ideen. Unsere Rechtfertigung liegt darin, daß die psychoanalytische Untersuchung uns gelehrt hat, alle diese Strebungen seien der Ausdruck der nämlichen Triebregungen, die zwischen den Geschlechtern zur geschlechtlichen Vereinigung hindrängen, in anderen Verhältnissen zwar von diesem sexuellen Ziel abgedrängt oder in der Erreichung desselben aufgehalten werden, dabei aber doch immer genug von ihrem ursprünglichen Wesen bewahren, um ihre Identität kenntlich zu erhalten (Selbstaufopferung, Streben nach Annäherung).

Wir meinen also, daß die Sprache mit dem Wort »Liebe« in seinen vielfältigen Anwendungen eine durchaus berechtigte Zusammenfassung geschaffen hat, und daß wir nichts Besseres tun können, als dieselbe auch unseren wissenschaftlichen Erörterungen und Darstellungen zugrunde zu legen. Durch diesen Entschluß hat die Psychoanalyse einen Sturm von Entrüstung entfesselt, als ob sie sich einer frevelhaften Neuerung schuldig gemacht hätte. Und doch hat die Psychoanalyse mit dieser »erweiterten« Auffassung der Liebe nichts Originelles geschaffen. Der »*Eros*« des Philosophen *Plato* zeigt in seiner Herkunft, Leistung und Beziehung zur Geschlechtsliebe eine vollkommene Deckung mit der Liebeskraft, der Libido der Psychoanalyse, wie *Nachmansohn* und *Pfister* im Einzelnen dargelegt haben,[1] und wenn der Apostel *Paulus* in dem berühmten Brief an die Korinther die Liebe über alles andere preist, hat er sie gewiß im nämlichen »erweiterten« Sinn verstanden,[2] woraus nur zu lernen ist, daß die Menschen ihre großen Denker nicht immer ernst nehmen, auch wenn sie sie angeblich sehr bewundern.

Diese Liebestriebe werden nun in der Psychoanalyse a potiori und von ihrer Herkunft her Sexualtriebe geheißen. Die Mehrzahl der »Gebildeten« hat diese Namengebung als Beleidigung empfunden und sich für sie gerächt, indem sie der Psychoanalyse den Vorwurf des »Pansexualismus« entgegenschleu-

---

1 *Nachmansohn*, Freuds Libidotheorie verglichen mit der Eroslehre Platos. Intern. Zeitschr. f. Psychoanalyse, III, 1915; *Pfister*, ebd. VII, 1921.
2 »Wenn ich mit Menschen- und mit Engelzungen redete, und hätte der Liebe nicht, so wäre ich ein tönend Erz oder eine klingende Schelle,« u. ff.

derte. Wer die Sexualität für etwas die menschliche Natur Beschämendes und Erniedrigendes hält, dem steht es ja frei, sich der vornehmeren Ausdrücke Eros und Erotik zu bedienen. Ich hätte es auch selbst von Anfang an so tun können und hätte mir dadurch viel Widerspruch erspart. Aber ich mochte es nicht, denn ich vermeide gern Konzessionen an die Schwachmütigkeit. Man kann nicht wissen, wohin man auf diesem Wege gerät; man gibt zuerst in Worten nach und dann allmählich auch in der Sache. Ich kann nicht finden, daß irgend ein Verdienst daran ist, sich der Sexualität zu schämen; das griechische Wort Eros, das den Schimpf lindern soll, ist doch schließlich nichts anderes als die Übersetzung unseres deutschen Wortes Liebe, und endlich, wer warten kann, braucht keine Konzessionen zu machen.

Wir werden es also mit der Voraussetzung versuchen, daß Liebesbeziehungen (indifferent ausgedrückt: Gefühlsbindungen) auch das Wesen der Massenseele ausmachen. Erinnern wir uns daran, daß von solchen bei den Autoren nicht die Rede ist. Was ihnen entsprechen würde, ist offenbar hinter dem Schirm, der spanischen Wand, der Suggestion verborgen. Auf zwei flüchtige Gedanken stützen wir zunächst unsere Erwartung. Erstens, daß die Masse offenbar durch irgend eine Macht zusammengehalten wird. Welcher Macht könnte man aber diese Leistung eher zuschreiben als dem Eros, der alles in der Welt zusammenhält? Zweitens, daß man den Eindruck empfängt, wenn der Einzelne in der Masse seine Eigenart aufgibt und sich von den Anderen suggerieren läßt, er tue es, weil ein Bedürfnis bei ihm besteht, eher im Einvernehmen mit ihnen als im Gegensatz zu ihnen zu sein, also vielleicht doch »ihnen zuliebe«.

V

Zwei künstliche Massen: Kirche und Heer

Aus der Morphologie der Massen rufen wir uns ins Gedächt-
nis, daß man sehr verschiedene Arten von Massen und gegen-
sätzliche Richtungen in ihrer Ausbildung unterscheiden kann.
Es gibt sehr flüchtige Massen und höchst dauerhafte; homogene, die aus gleichartigen Individuen bestehen, und nicht
homogene; natürliche Massen und künstliche, die zu ihrem
Zusammenhalt auch einen äußeren Zwang erfordern; primitive Massen und gegliederte, hoch organisierte. Aus Gründen
aber, in welche die Einsicht noch verhüllt ist, möchten wir auf
eine Unterscheidung besonderen Wert legen, die bei den
Autoren eher zu wenig beachtet wird; ich meine die von führerlosen Massen und von solchen mit Führern. Und recht im
Gegensatz zur gewohnten Übung soll unsere Untersuchung
nicht eine relativ einfache Massenbildung zum Ausgangspunkt wählen, sondern an hoch organisierten, dauerhaften,
künstlichen Massen beginnen. Die interessantesten Beispiele
solcher Gebilde sind die Kirche, die Gemeinschaft der Gläubigen, und die Armee, das Heer.
Kirche und Heer sind künstliche Massen, das heißt es wird ein
gewisser äußerer Zwang aufgewendet, um sie vor der Auf-
lösung zu bewahren[1] und Veränderungen in ihrer Struktur
hintanzuhalten. Man wird in der Regel nicht befragt oder es
wird einem nicht freigestellt, ob man in eine solche Masse
eintreten will; der Versuch des Austrittes wird gewöhnlich
verfolgt oder strenge bestraft oder ist an ganz bestimmte Bedingungen geknüpft. Warum diese Vergesellschaftungen so
besonderer Sicherungen bedürfen, liegt unserem Interesse gegenwärtig ganz ferne. Uns zieht nur der eine Umstand an,
daß man an diesen hochorganisierten, in solcher Weise vor
dem Zerfall geschützten Massen mit großer Deutlichkeit
gewisse Verhältnisse erkennt, die anderswo weit mehr ver-
deckt sind.
In der Kirche — wir können mit Vorteil die katholische Kirche
zum Muster nehmen — gilt wie im Heer, so verschieden beide

---

1 Die Eigenschaften »stabil« und »künstlich« scheinen bei den Massen zusammen-
zufallen oder wenigstens intim zusammenzuhängen.

sonst sein mögen, die nämliche Vorspiegelung (Illusion), daß ein Oberhaupt da ist — in der katholischen Kirche Christus, in der Armee der Feldherr, — das alle Einzelnen der Masse mit der gleichen Liebe liebt. An dieser Illusion hängt alles; ließe man sie fallen, so zerfielen sofort, soweit der äußere Zwang es gestattete, Kirche wie Heer. Von Christus wird diese gleiche Liebe ausdrücklich ausgesagt: Was ihr getan habt einem unter diesen meinen geringsten Brüdern, das habt ihr mir getan. Er steht zu den Einzelnen der gläubigen Masse im Verhältnis eines gütigen älteren Bruders, ist ihnen ein Vaterersatz. Alle Anforderungen an die Einzelnen leiten sich von dieser Liebe Christi ab. Ein demokratischer Zug geht durch die Kirche, eben weil vor Christus alle gleich sind, alle den gleichen Anteil an seiner Liebe haben. Nicht ohne tiefen Grund wird die Gleichartigkeit der christlichen Gemeinde mit einer Familie heraufbeschworen und nennen sich die Gläubigen Brüder in Christo, das heißt Brüder durch die Liebe, die Christus für sie hat. Es ist nicht zu bezweifeln, daß die Bindung jedes Einzelnen an Christus auch die Ursache ihrer Bindung untereinander ist. Ähnliches gilt für das Heer; der Feldherr ist der Vater, der alle seine Soldaten gleich liebt, und darum sind sie Kameraden untereinander. Das Heer unterscheidet sich strukturell von der Kirche darin, daß es aus einem Stufenbau von solchen Massen besteht. Jeder Hauptmann ist gleichsam der Feldherr und Vater seiner Abteilung, jeder Unteroffizier der seines Zuges. Eine ähnliche Hierarchie ist zwar auch in der Kirche ausgebildet, spielt aber in ihr nicht dieselbe ökonomische Rolle, da man Christus mehr Wissen und Bekümmern um die Einzelnen zuschreiben darf als dem menschlichen Feldherrn.

Gegen diese Auffassung der libidinösen Struktur einer Armee wird man mit Recht einwenden, daß die Ideen des Vaterlandes, des nationalen Ruhmes und andere, die für den Zusammenhalt der Armee so bedeutsam sind, hier keine Stelle gefunden haben. Die Antwort darauf lautet, dies sei ein anderer, nicht mehr so einfacher Fall von Massenbindung, und wie die Beispiele großer Heerführer, Caesar, Wallenstein, Napoleon, zeigen, sind solche Ideen für den Bestand einer Armee nicht unentbehrlich. Von dem möglichen Ersatz des Führers durch eine führende Idee und den Beziehungen zwischen beiden wird später kurz die Rede sein. Die Vernachlässigung dieses libidinösen Faktors in der Armee, auch dann, wenn er nicht der einzig wirksame ist, scheint nicht nur ein theoretischer Mangel, sondern auch eine praktische Gefahr. Der preußische Militarismus, der ebenso unpsychologisch war wie die deutsche Wissenschaft, hat dies vielleicht im großen Weltkrieg erfahren müssen. Die Kriegsneurosen, welche die deutsche Armee zersetzten, sind ja großenteils als Protest des Einzelnen gegen die ihm in der Armee zugemutete Rolle erkannt worden, und nach den Mitteilungen von *E. Simmel*[1] darf man behaupten, daß die lieblose Behandlung des gemeinen Mannes durch seine Vorgesetzten obenan unter den Motiven der Erkrankung stand. Bei besserer Würdigung dieses Libidoanspruches hätten wahrscheinlich die phantastischen Versprechungen der 14 Punkte des amerikanischen Präsidenten nicht so leicht Glauben gefunden und das großartige Instrument wäre den deutschen Kriegskünstlern nicht in der Hand zerbrochen.

Merken wir an, daß in diesen beiden künstlichen Massen jeder Einzelne einerseits an den Führer (Christus, Feldherrn), anderseits an die anderen Massenindividuen libidinös gebunden ist. Wie sich diese beiden Bindungen zueinander verhalten, ob sie gleichartig und gleichwertig sind und wie sie psychologisch zu beschreiben wären, das müssen wir einer späteren Untersuchung vorbehalten. Wir getrauen uns aber jetzt schon eines leisen Vorwurfes gegen die Autoren, daß sie die Bedeutung des Führers für die Psychologie der Masse nicht genügend gewürdigt haben, während sie uns die Wahl des ersten Untersuchungsobjekts in eine günstigere Lage gebracht hat. Es will uns scheinen, als befänden wir uns auf dem richtigen Weg, der die Haupterscheinung der Massenpsychologie, die Unfreiheit des Einzelnen in der Masse, aufklären kann. Wenn für jeden Einzelnen eine so ausgiebige Gefühlsbindung nach zwei Richtungen besteht, so wird es uns nicht schwer werden, aus diesem Verhältnis die beobachtete Veränderung und Einschränkung seiner Persönlichkeit abzuleiten.

Einen Wink ebendahin, das Wesen einer Masse bestehe in den in ihr vorhandenen libidinösen Bindungen, erhalten wir auch in dem Phänomen der Panik, welches am besten an militärischen Massen zu studieren ist. Eine Panik entsteht, wenn

1 Kriegsneurosen und »Psychisches Trauma«, München 1918.

eine solche Masse sich zersetzt. Ihr Charakter ist, daß kein Befehl des Vorgesetzten mehr angehört wird, und daß jeder für sich selbst sorgt ohne Rücksicht auf die anderen. Die gegenseitigen Bindungen haben aufgehört und eine riesengroße, sinnlose Angst wird frei. Natürlich wird auch hier wieder der Einwand naheliegen, es sei vielmehr umgekehrt, indem die Angst so groß gewachsen sei, daß sie sich über alle Rücksichten und Bindungen hinaussetzen konnte. *Mc Dougall* hat sogar (S. 24) den Fall der Panik (allerdings der nicht militärischen) als Musterbeispiel für die von ihm betonte Affektsteigerung durch Ansteckung *(primary induction)* verwertet. Allein diese rationelle Erklärungsweise geht hier doch ganz fehl. Es steht eben zur Erklärung, warum die Angst so riesengroß geworden ist. Die Größe der Gefahr kann nicht beschuldigt werden, denn dieselbe Armee, die jetzt der Panik verfällt, kann ähnlich große und größere Gefahren tadellos bestanden haben, und es gehört geradezu zum Wesen der Panik, daß sie nicht im Verhältnis zur drohenden Gefahr steht, oft bei den nichtigsten Anlässen ausbricht. Wenn der Einzelne in panischer Angst für sich selbst zu sorgen unternimmt, so bezeugt er damit die Einsicht, daß die affektiven Bindungen aufgehört haben, die bis dahin die Gefahr für ihn herabsetzten. Nun, da er der Gefahr allein entgegensteht, darf er sie allerdings höher einschätzen. Es verhält sich also so, daß die panische Angst die Lockerung in der libidinösen Struktur der Masse voraussetzt und in berechtigter Weise auf sie reagiert, nicht umgekehrt, daß die Libidobindungen der Masse an der Angst vor der Gefahr zugrunde gegangen wären.

Mit diesen Bemerkungen wird der Behauptung, daß die Angst in der Masse durch Induktion (Ansteckung) ins Ungeheure wachse, keineswegs widersprochen. Die *Mc Dougall*sche Auffassung ist durchaus zutreffend für den Fall, daß die Gefahr eine real große ist und daß in der Masse keine starken Gefühlsbindungen bestehen, Bedingungen, die verwirklicht werden, wenn zum Beispiel in einem Theater oder Vergnügungslokal Feuer ausbricht. Der lehrreiche und für unsere Zwecke verwertete Fall ist der oben erwähnte, daß ein Heereskörper in Panik gerät, wenn die Gefahr nicht über das gewohnte und oftmals gut vertragene Maß hinaus gesteigert ist. Man wird nicht erwarten dürfen, daß der Gebrauch des Wortes »Panik«

scharf und eindeutig bestimmt sei. Manchmal bezeichnet man so jede Massenangst, andere Male auch die Angst eines Einzelnen, wenn sie über jedes Maß hinausgeht, häufig scheint der Name für den Fall reserviert, daß der Angstausbruch durch den Anlaß nicht gerechtfertigt wird. Nehmen wir das Wort »Panik« im Sinne der Massenangst, so können wir eine weitgehende Analogie behaupten. Die Angst des Individuums wird hervorgerufen entweder durch die Größe der Gefahr oder durch das Auflassen von Gefühlsbindungen (Libidobesetzungen); der letztere Fall ist der der neurotischen Angst.[1] Ebenso entsteht die Panik durch die Steigerung der alle betreffenden Gefahr oder durch das Aufhören der die Masse zusammenhaltenden Gefühlsbindungen, und dieser letzte Fall ist der neurotischen Angst analog. (Vgl. hiezu den gedankenreichen, etwas phantastischen Aufsatz von Béla *v. Felszeghy*: Panik und Pankomplex, »Imago«, VI, 1920.)

Wenn man die Panik wie *Mc Dougall* (l. c.) als eine der deutlichsten Leistungen der *»group mind«* beschreibt, gelangt man zum Paradoxon, daß sich diese Massenseele in einer ihrer auffälligsten Äußerungen selbst aufhebt. Es ist kein Zweifel möglich, daß die Panik die Zersetzung der Masse bedeutet, sie hat das Aufhören aller Rücksichten zur Folge, welche sonst die Einzelnen der Masse für einander zeigen.

Der typische Anlaß für den Ausbruch einer Panik ist so ähnlich, wie er in der *Nestroy*schen Parodie des *Hebbel*schen Dramas von Judith und Holofernes dargestellt wird. Da schreit ein Krieger: »Der Feldherr hat den Kopf verloren«, und darauf ergreifen alle Assyrer die Flucht. Der Verlust des Führers in irgendeinem Sinne, das Irrewerden an ihm, bringt die Panik bei gleichbleibender Gefahr zum Ausbruch; mit der Bindung an den Führer schwinden — in der Regel — auch die gegenseitigen Bindungen der Massenindividuen. Die Masse zerstiebt wie ein Bologneser Fläschchen, dem man die Spitze abgebrochen hat.

Die Zersetzung einer religiösen Masse ist nicht so leicht zu beobachten. Vor kurzem geriet mir ein von katholischer Seite stammender, vom Bischof von London empfohlener englischer Roman in die Hand mit dem Titel: »*When it was dark*«,

[1] S. Vorlesungen XXV. (Ges. Werke, Bd. XI.)

der eine solche Möglichkeit und ihre Folgen in geschickter und, wie ich meine, zutreffender Weise ausmalte. Der Roman erzählt wie aus der Gegenwart, daß es einer Verschwörung von Feinden der Person Christi und des christlichen Glaubens gelingt, eine Grabkammer in Jerusalem auffinden zu lassen, in deren Inschrift Josef von Arimathäa bekennt, daß er aus Gründen der Pietät den Leichnam Christi am dritten Tag nach seiner Beisetzung heimlich aus seinem Grabe entfernt und hier bestattet habe. Damit ist die Auferstehung Christi und seine göttliche Natur abgetan und die Folge dieser archäologischen Entdeckung ist eine Erschütterung der europäischen Kultur und eine außerordentliche Zunahme aller Gewalttaten und Verbrechen, die erst schwindet, nachdem das Komplott der Fälscher enthüllt werden kann.

Was bei der hier angenommenen Zersetzung der religiösen Masse zum Vorschein kommt, ist nicht Angst, für welche der Anlaß fehlt, sondern rücksichtslose und feindselige Impulse gegen andere Personen, die sich bis dahin dank der gleichen Liebe Christi nicht äußern konnten.[1] Außerhalb dieser Bindung stehen aber auch während des Reiches Christi jene Individuen, die nicht zur Glaubensgemeinschaft gehören, die ihn nicht lieben und die er nicht liebt; darum muß eine Religion, auch wenn sie sich die Religion der Liebe heißt, hart und lieblos gegen diejenigen sein, die ihr nicht angehören. Im Grunde ist ja jede Religion eine solche Religion der Liebe für alle, die sie umfaßt, und jeder liegt Grausamkeit und Intoleranz gegen die nicht dazugehörigen nahe. Man darf, so schwer es einem auch persönlich fällt, den Gläubigen daraus keinen zu argen Vorwurf machen; Ungläubige und Indifferente haben es in diesem Punkte psychologisch um so viel leichter. Wenn diese Intoleranz sich heute nicht mehr so gewalttätig und grausam kundgibt wie in früheren Jahrhunderten, so wird man daraus kaum auf eine Milderung in den Sitten der Menschen schließen dürfen. Weit eher ist die Ursache davon in der unleugbaren Abschwächung der religiösen Gefühle und der von ihnen abhängigen libidinösen Bindungen zu suchen. Wenn eine andere Massenbindung an die Stelle der religiösen tritt, wie es jetzt der sozialistischen zu gelingen scheint, so wird

1 Vergleiche hiezu die Erklärung ähnlicher Phänomene nach dem Wegfall der landesväterlichen Autorität bei P. *Federn*, Die vaterlose Gesellschaft, Wien 1919.

sich dieselbe Intoleranz gegen die Außenstehenden ergeben wie im Zeitalter der Religionskämpfe, und wenn die Differenzen wissenschaftlicher Anschauungen je eine ähnliche Bedeutung für die Massen gewinnen könnten, würde sich dasselbe Resultat auch für diese Motivierung wiederholen.

VI
Weitere Aufgaben und Arbeitsrichtungen

Wir haben bisher zwei artifizielle Massen untersucht und gefunden, daß sie von zweierlei Gefühlsbindungen beherrscht werden, von denen die eine an den Führer — wenigstens für sie — bestimmender zu sein scheint als die andere, die der Massenindividuen aneinander.

Nun gäbe es in der Morphologie der Massen noch viel zu untersuchen und zu beschreiben. Man hätte von der Feststellung auszugehen, daß eine bloße Menschenmenge noch keine Masse ist, so lange sich jene Bindungen in ihr nicht hergestellt haben, hätte aber das Zugeständnis zu machen, daß in einer beliebigen Menschenmenge sehr leicht die Tendenz zur Bildung einer psychologischen Masse hervortritt. Man müßte den verschiedenartigen, mehr oder minder beständigen Massen, die spontan zustande kommen, Aufmerksamkeit schenken, die Bedingungen ihrer Entstehung und ihres Zerfalls studieren. Vor allem würde uns der Unterschied zwischen Massen, die einen Führer haben, und führerlosen Massen beschäftigen. Ob nicht die Massen mit Führer die ursprünglicheren und vollständigeren sind, ob in den anderen der Führer nicht durch eine Idee, ein Abstraktum ersetzt sein kann, wozu ja schon die religiösen Massen mit ihrem unaufzeigbaren Oberhaupt die Überleitung bilden, ob nicht eine gemeinsame Tendenz, ein Wunsch, an dem eine Vielheit Anteil nehmen kann, den nämlichen Ersatz leistet. Dieses Abstrakte könnte sich wiederum mehr oder weniger vollkommen in der Person eines gleichsam sekundären Führers verkörpern, und aus der Beziehung zwischen Idee und Führer ergäben sich interessante Mannigfaltigkeiten. Der Führer oder die führende Idee könnten auch sozusagen negativ werden; der Haß gegen eine bestimmte Person oder Institution könnte ebenso einigend wirken und ähnliche Gefühlsbindungen hervorrufen wie die positive Anhänglichkeit. Es fragt sich dann auch, ob der Führer für das Wesen der Masse wirklich unerläßlich ist und anderes mehr.

Aber all diese Fragen, die zum Teil auch in der Literatur der Massenpsychologie behandelt sein mögen, werden nicht imstande sein, unser Interesse von den psychologischen Grundproblemen abzulenken, die uns in der Struktur einer Masse geboten werden. Wir werden zunächst von einer Überlegung gefesselt, die uns auf dem kürzesten Weg den Nachweis verspricht, daß es Libidobindungen sind, welche eine Masse charakterisieren.

Wir halten uns vor, wie sich die Menschen im allgemeinen affektiv zueinander verhalten. Nach dem berühmten Schopenhauerschen Gleichnis von den frierenden Stachelschweinen verträgt keiner eine allzu intime Annäherung des anderen.[1] Nach dem Zeugnis der Psychoanalyse enthält fast jedes intime Gefühlsverhältnis zwischen zwei Personen von längerer Dauer — Ehebeziehung, Freundschaft, Eltern- und Kindschaft[2] — einen Bodensatz von ablehnenden, feindseligen Gefühlen, der nur infolge von Verdrängung der Wahrnehmung entgeht. Unverhüllter ist es, wenn jeder Kompagnon mit seinem Gesellschafter hadert, jeder Untergebene gegen seinen Vorgesetzten murrt. Dasselbe geschieht dann, wenn die Menschen zu größeren Einheiten zusammentreten. Jedesmal, wenn sich zwei Familien durch eine Eheschließung verbinden, hält sich jede von ihnen für die bessere oder vornehmere auf Kosten der anderen. Von zwei benachbarten Städten wird jede zur mißgünstigen Konkurrentin der anderen; jedes Kantönli sieht geringschätzig auf das andere herab. Nächstverwandte Völkerstämme stoßen einander ab, der Süddeutsche mag den Norddeutschen nicht leiden, der Engländer sagt dem Schotten alles Böse nach, der Spanier verachtet den Portugiesen. Daß bei größeren Differenzen sich eine schwer zu überwindende Abneigung ergibt, des Galliers gegen den Germanen, des Ariers gegen den Semiten, des Weißen gegen den Farbigen, hat aufgehört, uns zu verwundern.

Wenn sich die Feindseligkeit gegen sonst geliebte Personen richtet, bezeichnen wir es als Gefühlsambivalenz und erklären

1 »Eine Gesellschaft Stachelschweine drängte sich an einem kalten Wintertage recht nahe zusammen, um durch die gegenseitige Wärme sich vor dem Erfrieren zu schützen. Jedoch bald empfanden sie die gegenseitigen Stacheln, welches sie dann wieder voneinander entfernte. Wenn nun das Bedürfnis der Erwärmung sie wieder näher zusammenbrachte, wiederholte sich jenes zweite Übel, so daß sie zwischen beiden Leiden hin- und hergeworfen wurden, bis sie eine mäßige Erwärmung herausgefunden hatten, in der sie es am besten aushalten konnten.« (Parerga und Paralipomena, II. Teil, XXXI., Gleichnisse und Parabeln.)
2 Vielleicht mit einziger Ausnahme der Beziehung der Mutter zum Sohn, die, auf Narzißmus gegründet, durch spätere Rivalität nicht gestört und durch einen Ansatz zur sexuellen Objektwahl verstärkt wird.

uns diesen Fall in sicherlich allzu rationeller Weise durch die vielfachen Anlässe zu Interessenkonflikten, die sich gerade in so intimen Beziehungen ergeben. In den unverhüllt hervortretenden Abneigungen und Abstoßungen gegen nahestehende Fremde können wir den Ausdruck einer Selbstliebe, eines Narzißmus, erkennen, der seine Selbstbehauptung anstrebt und sich so benimmt, als ob das Vorkommen einer Abweichung von seinen individuellen Ausbildungen eine Kritik derselben und eine Aufforderung, sie umzugestalten, mit sich brächte. Warum sich eine so große Empfindlichkeit gerade auf diese Einzelheiten der Differenzierung geworfen haben sollte, wissen wir nicht; es ist aber unverkennbar, daß sich in diesem Verhalten der Menschen eine Haßbereitschaft, eine Aggressivität kundgibt, deren Herkunft unbekannt ist, und der man einen elementaren Charakter zusprechen möchte.[1]

Aber all diese Intoleranz schwindet, zeitweilig oder dauernd, durch die Massenbildung und in der Masse. Solange die Massenbildung anhält oder soweit sie reicht, benehmen sich die Individuen, als wären sie gleichförmig, dulden sie die Eigenart des anderen, stellen sich ihm gleich und verspüren kein Gefühl der Abstoßung gegen ihn. Eine solche Einschränkung des Narzißmus kann nach unseren theoretischen Anschauungen nur durch ein Moment erzeugt werden, durch libidinöse Bindung an andere Personen. Die Selbstliebe findet nur an der Fremdliebe, Liebe zu Objekten, eine Schranke.[2] Man wird sofort die Frage aufwerfen, ob nicht die Interessengemeinschaft an und für sich und ohne jeden libidinösen Beitrag zur Duldung des anderen und zur Rücksichtnahme auf ihn führen muß. Man wird diesem Einwand mit dem Bescheid begegnen, daß auf solche Weise eine bleibende Einschränkung des Narzißmus doch nicht zustande kommt, da diese Toleranz nicht länger anhält als der unmittelbare Vorteil, den man aus der Mitarbeit des anderen zieht. Allein der praktische Wert dieser Streitfrage ist geringer, als man meinen sollte, denn die Er-

1 In einer kürzlich (1920) veröffentlichten Schrift »Jenseits des Lustprinzips« habe ich versucht, die Polarität vom Lieben und Hassen mit einem angenommenen Gegensatz von Lebens- und Todestrieben zu verknüpfen und die Sexualtriebe als die reinsten Vertreter der ersteren, der Lebenstriebe, hinzustellen.
2 S. Zur Einführung des Narzißmus 1914. (Ges. Werke, Bd. X.)

fahrung hat gezeigt, daß sich im Falle der Mitarbeiterschaft regelmäßig libidinöse Bindungen zwischen den Kameraden herstellen, welche die Beziehung zwischen ihnen über das Vorteilhafte hinaus verlängern und fixieren. Es geschieht in den sozialen Beziehungen der Menschen dasselbe, was der psychoanalytischen Forschung in dem Entwicklungsgang der individuellen Libido bekannt geworden ist. Die Libido lehnt sich an die Befriedigung der großen Lebensbedürfnisse an und wählt die daran beteiligten Personen zu ihren ersten Objektes. Und wie beim Einzelnen, so hat auch in der Entwicklung der ganzen Menschheit nur die Liebe als Kulturfaktor im Sinne einer Wendung vom Egoismus zum Altruismus gewirkt. Und zwar sowohl die geschlechtliche Liebe zum Weibe mit all den aus ihr fließenden Nötigungen, das zu verschonen, was dem Weibe lieb war, als auch die desexualisierte, sublimiert homosexuelle Liebe zum anderen Manne, die sich an die gemeinsame Arbeit knüpfte.

Wenn also in der Masse Einschränkungen der narzißtischen Eigenliebe auftreten, die außerhalb derselben nicht wirken, so ist dies ein zwingender Hinweis darauf, daß das Wesen der Massenbildung in neuartigen libidinösen Bindungen der Massenmitglieder aneinander besteht.

Nun wird aber unser Interesse dringend fragen, welcher Art diese Bindungen in der Masse sind. In der psychoanalytischen Neurosenlehre haben wir uns bisher fast ausschließlich mit der Bindung solcher Liebestriebe an ihre Objekte beschäftigt, die noch direkte Sexualziele verfolgen. Um solche Sexualziele kann es sich in der Masse offenbar nicht handeln. Wir haben es hier mit Liebestrieben zu tun, die, ohne darum minder energisch zu wirken, doch von ihren ursprünglichen Zielen abgelenkt sind. Nun haben wir bereits im Rahmen der gewöhnlichen sexuellen Objektbesetzung Erscheinungen bemerkt, die einer Ablenkung des Triebes von seinem Sexualziel entsprechen. Wir haben sie als Grade von Verliebtheit beschrieben und erkannt, daß sie eine gewisse Beeinträchtigung des Ichs mit sich bringen. Diesen Erscheinungen der Verliebtheit werden wir jetzt eingehendere Aufmerksamkeit zuwenden, in der begründeten Erwartung, an ihnen Verhältnisse zu finden, die sich auf die Bindungen in den Massen übertragen lassen. Außerdem möchten wir aber wissen, ob diese Art der Objektbesetzung, wie wir sie aus dem Geschlechtsleben kennen, die einzige Weise der Gefühlsbindung an eine andere Person darstellt, oder ob wir noch andere solche Mechanismen in Betracht zu ziehen haben. Wir erfahren tatsächlich aus der Psychoanalyse, daß es noch andere Mechanismen der Gefühlsbindung gibt, die sogenannten *Identifizierungen*, ungenügend bekannte, schwer darzustellende Vorgänge, deren Untersuchung uns nun eine gute Weile vom Thema der Massenpsychologie fernhalten wird.

VII
Die Identifizierung

Die Identifizierung ist der Psychoanalyse als früheste Äußerung einer Gefühlsbindung an eine andere Person bekannt. Sie spielt in der Vorgeschichte des Ödipuskomplexes eine Rolle. Der kleine Knabe legt ein besonderes Interesse für seinen Vater an den Tag, er möchte so werden und so sein wie er, in allen Stücken an seine Stelle treten. Sagen wir ruhig: er nimmt den Vater zu seinem Ideal. Dies Verhalten hat nichts mit einer passiven oder femininen Einstellung zum Vater (und zum Manne überhaupt) zu tun, es ist vielmehr exquisit männlich. Es verträgt sich sehr wohl mit dem Ödipuskomplex, den es vorbereiten hilft.

Gleichzeitig mit dieser Identifizierung mit dem Vater, vielleicht sogar vorher, hat der Knabe begonnen, eine richtige Objektbesetzung der Mutter nach dem Anlehnungstypus vorzunehmen. Er zeigt also dann zwei psychologisch verschiedene Bindungen, zur Mutter eine glatt sexuelle Objektbesetzung, zum Vater eine vorbildliche Identifizierung. Die beiden bestehen eine Weile nebeneinander, ohne gegenseitige Beeinflussung oder Störung. Infolge der unaufhaltsam fortschreitenden Vereinheitlichung des Seelenlebens treffen sie sich endlich und durch dies Zusammenströmen entsteht der normale Ödipuskomplex. Der Kleine merkt, daß ihm der Vater bei der Mutter im Wege steht; seine Identifizierung mit dem Vater nimmt jetzt eine feindselige Tönung an und wird mit dem Wunsch identisch, den Vater auch bei der Mutter zu ersetzen. Die Identifizierung ist eben von Anfang an ambivalent, sie kann sich ebenso zum Ausdruck der Zärtlichkeit wie zum Wunsch der Beseitigung wenden. Sie benimmt sich wie ein Abkömmling der ersten *oralen* Phase der Libidoorganisation, in welcher man sich das begehrte und geschätzte Objekt durch Essen einverleibte und es dabei als solches vernichtete. Der Kannibale bleibt bekanntlich auf diesem Standpunkt stehen; er hat seine Feinde zum Fressen lieb, und er frißt die nicht, die er nicht irgendwie lieb haben kann.[1]

[1] S. »Drei Abhandlungen zur Sexualtheorie« und *Abraham*: »Untersuchungen über die früheste prägenitale Entwicklungsstufe der Libido.« Intern. Zeitschr. f. Psychoanalyse, IV, 1916, auch in dessen »Klinische Beiträge zur Psychoanalyse«. Intern. Psychoanalyt. Bibliothek, Bd. 10, 1921.

Das Schicksal dieser Vateridentifizierung verliert man später leicht aus den Augen. Es kann dann geschehen, daß der Ödipuskomplex eine Umkehrung erfährt, daß der Vater in femininer Einstellung zum Objekte genommen wird, von dem die direkten Sexualtriebe ihre Befriedigung erwarten, und dann ist die Vateridentifizierung zum Vorläufer der Objektbindung an den Vater geworden. Dasselbe gilt mit den entsprechenden Ersetzungen auch für die kleine Tochter.

Es ist leicht, den Unterschied einer solchen Vateridentifizierung von einer Vaterobjektwahl in einer Formel auszusprechen. Im ersten Falle ist der Vater das, was man *sein*, im zweiten das, was man *haben* möchte. Es ist also der Unterschied, ob die Bindung am Subjekt oder am Objekt des Ichs angreift. Die erstere ist darum bereits vor jeder sexuellen Objektwahl möglich. Es ist weit schwieriger, diese Verschiedenheit metapsychologisch anschaulich darzustellen. Man erkennt nur, die Identifizierung strebt danach, das eigene Ich ähnlich zu gestalten wie das andere zum »Vorbild« genommene.

Aus einem verwickelteren Zusammenhange lösen wir die Identifizierung bei einer neurotischen Symptombildung. Das kleine Mädchen, an das wir uns jetzt halten wollen, bekomme dasselbe Leidenssymptom wie seine Mutter, zum Beispiel denselben quälenden Husten. Das kann nun auf verschiedenen Wegen zugehen. Entweder ist die Identifizierung dieselbe aus dem Ödipuskomplex, die ein feindseliges Ersetzenwollen der Mutter bedeutet, und das Symptom drückt die Objektliebe zum Vater aus; es realisiert die Ersetzung der Mutter unter dem Einfluß des Schuldbewußtseins: Du hast die Mutter sein wollen, jetzt bist du's wenigstens im Leiden. Das ist dann der komplette Mechanismus der hysterischen Symptombildung. Oder aber das Symptom ist dasselbe wie das der geliebten Person (so wie zum Beispiel Dora im »Bruchstück einer Hysterieanalyse« den Husten des Vaters imitiert); dann können wir den Sachverhalt nur so beschreiben, *die Identifizierung sei an Stelle der Objektwahl getreten, die Objektwahl sei zur Identifizierung regrediert*. Wir haben gehört, daß die Identifizierung die früheste und ursprünglichste Form der Gefühlsbindung ist; unter den Verhältnissen der Symptombildung, also der Verdrängung, und der Herrschaft der Mechanismen des Unbewußten kommt es oft vor, daß die Objektwahl wieder zur Identifizierung wird, also das Ich die Eigenschaften des Objektes an sich nimmt. Bemerkenswert ist es, daß das Ich bei diesen Identifizierungen das eine Mal die ungeliebte, das andere Mal aber die geliebte Person kopiert. Es muß uns auch auffallen, daß beide Male die Identifizierung eine partielle, höchst beschränkte ist, nur einen einzigen Zug von der Objektperson entlehnt.

Es ist ein dritter, besonders häufiger und bedeutsamer Fall der Symptombildung, daß die Identifizierung vom Objektverhältnis zur kopierten Person ganz absieht. Wenn zum Beispiel eines der Mädchen im Pensionat einen Brief vom geheim Geliebten bekommen hat, der ihre Eifersucht erregt, und auf den sie mit einem hysterischen Anfall reagiert, so werden einige ihrer Freundinnen, die darum wissen, diesen Anfall übernehmen, wie wir sagen, auf dem Wege der psychischen Infektion. Der Mechanismus ist der der Identifizierung auf Grund des sich in dieselbe Lage Versetzenkönnens oder Versetzenwollens. Die anderen möchten auch ein geheimes Liebesverhältnis haben und akzeptieren unter dem Einfluß des Schuldbewußtseins auch das damit verbundene Leid. Es wäre unrichtig zu behaupten, sie eignen sich das Symptom aus Mitgefühl an. Im Gegenteil, das Mitgefühl entsteht erst aus der Identifizierung, und der Beweis hiefür ist, daß sich solche Infektion oder Imitation auch unter Umständen herstellt, wo noch geringere vorgängige Sympathie zwischen beiden anzunehmen ist, als unter Pensionsfreundinnen zu bestehen pflegt. Das eine Ich hat am anderen eine bedeutsame Analogie in einem Punkte wahrgenommen, in unserem Beispiel in der gleichen Gefühlsbereitschaft, es bildet sich daraufhin eine Identifizierung in diesem Punkte, und unter dem Einfluß der pathogenen Situation verschiebt sich diese Identifizierung zum Symptom, welches das eine Ich produziert hat. Die Identifizierung durch das Symptom wird so zum Anzeichen für eine Deckungsstelle der beiden Ich, die verdrängt gehalten werden soll.

Das aus diesen drei Quellen Gelernte können wir dahin zusammenfassen, daß erstens die Identifizierung die ursprünglichste Form der Gefühlsbindung an ein Objekt ist, zweitens daß sie auf regressivem Wege zum Ersatz für eine libidinöse Objektbindung wird, gleichsam durch Introjektion des Objekts ins Ich, und daß sie drittens bei jeder neu wahrgenommenen Gemeinsamkeit mit einer Person, die nicht Objekt der Sexualtriebe ist, entstehen kann. Je bedeutsamer diese Gemeinsamkeit ist, desto erfolgreicher muß diese partielle Identifizierung werden können und so dem Anfang einer neuen Bindung entsprechen.

Wir ahnen bereits, daß die gegenseitige Bindung der Massenindividuen von der Natur einer solchen Identifizierung durch eine wichtige affektive Gemeinsamkeit ist, und können vermuten, diese Gemeinsamkeit liege in der Art der Bindung an den Führer. Eine andere Ahnung kann uns sagen, daß wir weit davon entfernt sind, das Problem der Identifizierung erschöpft zu haben, daß wir vor dem Vorgang stehen, den die Psychologie »Einfühlung« heißt, und der den größten Anteil an unserem Verständnis für das Ichfremde anderer Personen hat. Aber wir wollen uns hier auf die nächsten affektiven Wirkungen der Identifizierung beschränken und auch ihre Bedeutung für unser intellektuelles Leben beiseite lassen.

Die psychoanalytische Forschung, die gelegentlich auch schon die schwierigeren Probleme der Psychosen in Angriff genommen hat, konnte uns auch die Identifizierung in einigen anderen Fällen aufzeigen, die unserem Verständnis nicht ohne weiteres zugänglich sind. Ich werde zwei dieser Fälle als Stoff für unsere weiteren Überlegungen ausführlich behandeln.

Die Genese der männlichen Homosexualität ist in einer großen Reihe von Fällen die folgende: Der junge Mann ist ungewöhnlich lange und intensiv im Sinne des Ödipuskomplexes an seine Mutter fixiert gewesen. Endlich kommt doch nach vollendeter Pubertät die Zeit, die Mutter gegen ein anderes Sexualobjekt zu vertauschen. Da geschieht eine plötzliche Wendung; der Jüngling verläßt nicht seine Mutter, sondern identifiziert sich mit ihr, er wandelt sich in sie um und sucht jetzt nach Objekten, die ihm sein Ich ersetzen können, die er so lieben und pflegen kann, wie er es von der Mutter erfahren hatte. Dies ein häufiger Vorgang, der beliebig oft bestätigt werden kann und natürlich ganz unabhängig von jeder Annahme ist, die man über die organische Triebkraft und die Motive jener plötzlichen Wandlung macht. Auffällig an dieser Identifizierung ist ihre Ausgiebigkeit, sie wandelt das Ich in einem höchst wichtigen Stück, im Sexualcharakter, nach dem Vorbild des bisherigen Objekts um. Dabei wird das Objekt selbst aufgegeben; ob durchaus oder nur in dem Sinne, daß es im Unbewußten erhalten bleibt, steht hier außer Diskussion. Die Identifizierung mit dem aufgegebenen oder verlorenen Objekt zum Ersatz desselben, die Introjektion des Objekts ins Ich, ist für uns allerdings keine Neuheit mehr. Ein solcher Vorgang läßt sich gelegentlich am kleinen Kind unmittelbar beobachten. Kürzlich wurde in der Internationalen Zeitschrift für Psychoanalyse eine solche Beobachtung veröffentlicht, daß ein Kind, das unglücklich über den Verlust eines Kätzchens war, frischweg erklärte, es sei jetzt selbst das Kätzchen, dementsprechend auf allen vieren kroch, nicht am Tische essen wollte usw.[1]

Ein anderes Beispiel von solcher Introjektion des Objekts hat uns die Analyse der Melancholie gegeben, welche Affektion ja den realen oder affektiven Verlust des geliebten Objekts unter ihre auffälligsten Veranlassungen zählt. Ein Hauptcharakter dieser Fälle ist die grausame Selbstherabsetzung des Ichs in Verbindung mit schonungsloser Selbstkritik und bitteren Selbstvorwürfen. Analysen haben ergeben, daß diese Einschätzung und diese Vorwürfe im Grunde dem Objekt gelten und die Rache des Ichs an diesem darstellen. Der Schatten des Objekts ist auf das Ich gefallen, sagte ich an anderer Stelle.[2] Die Introjektion des Objekts ist hier von unverkennbarer Deutlichkeit.

Diese Melancholien zeigen uns aber noch etwas anderes, was für unsere späteren Betrachtungen wichtig werden kann. Sie zeigen uns das Ich geteilt, in zwei Stücke zerfallen, von denen das eine gegen das andere wütet. Dies andere Stück ist das durch Introjektion veränderte, das das verlorene Objekt einschließt. Aber auch das Stück, das sich so grausam betätigt, ist uns nicht unbekannt. Es schließt das Gewissen ein, eine kritische Instanz im Ich, die sich auch in normalen Zeiten dem Ich kritisch gegenübergestellt hat, nur niemals so unerbittlich und so ungerecht. Wir haben schon bei früheren Anlässen die Annahme machen müssen (Narzißmus, Trauer und Melancholie), daß sich in unserem Ich eine solche Instanz entwickelt, welche

1 *Markuszewicz*, Beitrag zum autistischen Denken bei Kindern. Internationale Zeitschrift für Psychoanalyse, VI., 1920.
2 Trauer und Melancholie, Sammlung kleiner Schriften zur Neurosenlehre. IV. Folge, 1918. (Ges. Werke, Bd. X.)

sich vom anderen Ich absondern und in Konflikte mit ihm geraten kann. Wir nannten sie das »Ichideal« und schrieben ihr an Funktionen die Selbstbeobachtung, das moralische Gewissen, die Traumzensur und den Haupteinfluß bei der Verdrängung zu. Wir sagten, sie sei der Erbe des ursprünglichen Narzißmus, in dem das kindliche Ich sich selbst genügte. Allmählich nehme sie aus den Einflüssen der Umgebung die Anforderungen auf, die diese an das Ich stelle, denen das Ich nicht immer nachkommen könne, so daß der Mensch, wo er mit seinem Ich selbst nicht zufrieden sein kann, doch seine Befriedigung in dem aus dem Ich differenzierten Ichideal finden dürfe. Im Beobachtungswahn, stellten wir ferner fest, werde der Zerfall dieser Instanz offenkundig und dabei ihre Herkunft aus den Einflüssen der Autoritäten, voran der Eltern, aufgedeckt.[1] Wir haben aber nicht vergessen anzuführen, daß das Maß der Entfernung dieses Ichideals vom aktuellen Ich für das einzelne Individuum sehr variabel ist, und daß bei vielen diese Differenzierung innerhalb des Ichs nicht weiter reicht als beim Kinde.

Ehe wir aber diesen Stoff zum Verständnis der libidinösen Organisation einer Masse verwenden können, müssen wir einige andere Wechselbeziehungen zwischen Objekt und Ich in Betracht ziehen.[2]

---

[1] Zur Einführung des Narzißmus, l. c.

[2] Wir wissen sehr gut, daß wir mit diesen der Pathologie entnommenen Beispielen das Wesen der Identifizierung nicht erschöpft haben und somit das Rätsel der Massenbildung ein Stück unangerührt lassen. Hier müßte eine viel gründlichere und mehr umfassende psychologische Analyse eingreifen. Von der Identifizierung führt ein Weg über die Nachahmung zur Einfühlung, das heißt zum Verständnis des Mechanismus, durch den uns überhaupt eine Stellungnahme zu einem anderen Seelenleben ermöglicht wird. Auch an den Äußerungen einer bestehenden Identifizierung ist noch vieles aufzuklären. Sie hat unter anderem die Folge, daß man die Aggression gegen die Person, mit der man sich identifiziert hat, einschränkt, sie verschont und ihr Hilfe leistet. Das Studium solcher Identifizierungen, wie sie zum Beispiel der Clangemeinschaft zugrunde liegen, ergab *Robertson Smith* das überraschende Resultat, daß sie auf der Anerkennung einer gemeinsamen Substanz beruhen (Kinship and Marriage, 1885), daher auch durch eine gemeinsam genommene Mahlzeit geschaffen werden können. Dieser Zug gestattet es, eine solche Identifizierung mit der von mir in »Totem und Tabu« konstruierten Urgeschichte der menschlichen Familie zu verknüpfen.

49

VIII
Verliebtheit und Hypnose

Der Sprachgebrauch bleibt selbst in seinen Launen irgend einer Wirklichkeit treu. So nennt er zwar sehr mannigfaltige Gefühlsbeziehungen »Liebe«, die auch wir theoretisch als Liebe zusammenfassen, zweifelt aber dann wieder, ob diese Liebe die eigentliche, richtige, wahre sei, und deutet so auf eine ganze Stufenleiter von Möglichkeiten innerhalb der Liebesphänomene hin. Es wird uns auch nicht schwer, dieselbe in der Beobachtung aufzufinden.

In einer Reihe von Fällen ist die Verliebtheit nichts anderes als Objektbesetzung von seiten der Sexualtriebe zum Zwecke der direkten Sexualbefriedigung, die auch mit der Erreichung dieses Zieles erlischt; das ist das, was man die gemeine, sinnliche Liebe heißt. Aber wie bekannt, bleibt die libidinöse Situation selten so einfach. Die Sicherheit, mit der man auf das Wiedererwachen des eben erloschenen Bedürfnisses rechnen konnte, muß wohl das nächste Motiv gewesen sein, dem Sexualobjekt eine dauernde Besetzung zuzuwenden, es auch in den begierdefreien Zwischenzeiten zu »lieben«.

Aus der sehr merkwürdigen Entwicklungsgeschichte des menschlichen Liebeslebens kommt ein zweites Moment hinzu. Das Kind hatte in der ersten, mit fünf Jahren meist schon abgeschlossenen Phase in einem Elternteil ein erstes Liebesobjekt gefunden, auf welches sich alle seine Befriedigung heischenden Sexualtriebe vereinigt hatten. Die dann eintretende Verdrängung erzwang den Verzicht auf die meisten dieser kindlichen Sexualziele und hinterließ eine tiefgreifende Modifikation des Verhältnisses zu den Eltern. Das Kind blieb fernerhin an die Eltern gebunden, aber mit Trieben, die man »zielgehemmte« nennen muß. Die Gefühle, die es von nun an für diese geliebten Personen empfindet, werden als »zärtliche« bezeichnet. Es ist bekannt, daß im Unbewußten die früheren »sinnlichen« Strebungen mehr oder minder stark erhalten bleiben, so daß die ursprüngliche Vollströmung in gewissem Sinne weiterbesteht.[1]

Mit der Pubertät setzen bekanntlich neue, sehr intensive Stre-

1 S. Sexualtheorie l. c.

bungen nach den direkten Sexualzielen ein. In ungünstigen Fällen bleiben sie als sinnliche Strömung von den fortdauernden »zärtlichen« Gefühlsrichtungen geschieden. Man hat dann das Bild vor sich, dessen beide Ansichten von gewissen Richtungen der Literatur so gerne idealisiert werden. Der Mann zeigt schwärmerische Neigungen zu hochgeachteten Frauen, die ihn aber zum Liebesverkehr nicht reizen, und ist nur potent gegen andere Frauen, die er nicht »liebt«, geringschätzt oder selbst verachtet.[1] Häufiger indes gelingt dem Heranwachsenden ein gewisses Maß von Synthese der unsinnlichen, himmlischen und der sinnlichen, irdischen Liebe, und ist sein Verhältnis zum Sexualobjekt durch das Zusammenwirken von ungehemmten mit zielgehemmten Trieben gekennzeichnet. Nach dem Beitrag der zielgehemmten Zärtlichkeitstriebe kann man die Höhe der Verliebtheit im Gegensatz zum bloß sinnlichen Begehren bemessen.

Im Rahmen dieser Verliebtheit ist uns von Anfang an das Phänomen der Sexualüberschätzung aufgefallen, die Tatsache, daß das geliebte Objekt eine gewisse Freiheit von der Kritik genießt, daß alle seine Eigenschaften höher eingeschätzt werden als die ungeliebter Personen oder als zu einer Zeit, da es nicht geliebt wurde. Bei einigermaßen wirksamer Verdrängung oder Zurücksetzung der sinnlichen Strebungen kommt die Täuschung zustande, daß das Objekt seiner seelischen Vorzüge wegen auch sinnlich geliebt wird, während umgekehrt erst das sinnliche Wohlgefallen ihm diese Vorzüge verliehen haben mag.

Das Bestreben, welches hier das Urteil fälscht, ist das der *Idealisierung*. Damit ist uns aber die Orientierung erleichtert; wir erkennen, daß das Objekt so behandelt wird wie das eigene Ich, daß also in der Verliebtheit ein größeres Maß narzißtischer Libido auf das Objekt überfließt. Bei manchen Formen der Liebeswahl wird es selbst augenfällig, daß das Objekt dazu dient, ein eigenes, nicht erreichtes Ichideal zu ersetzen. Man liebt es wegen der Vollkommenheiten, die man fürs eigene Ich angestrebt hat und die man sich nun auf diesem Umweg zur Befriedigung seines Narzißmus verschaffen möchte.

1 Über die allgemeine Erniedrigung des Liebeslebens. Sammlung, 4. Folge, 1918. (Ges. Werke, Bd. VIII.)

Nehmen Sexualüberschätzung und Verliebtheit noch weiter zu, so wird die Deutung des Bildes immer unverkennbarer. Die auf direkte Sexualbefriedigung drängenden Strebungen können nun ganz zurückgedrängt werden, wie es zum Beispiel regelmäßig bei der schwärmerischen Liebe des Jünglings geschieht; das Ich wird immer anspruchsloser, bescheidener, das Objekt immer großartiger, wertvoller; es gelangt schließlich in den Besitz der gesamten Selbstliebe des Ichs, so daß dessen Selbstaufopferung zur natürlichen Konsequenz wird. Das Objekt hat das Ich sozusagen aufgezehrt. Züge von Demut, Einschränkung des Narzißmus, Selbstschädigung sind in jedem Falle von Verliebtheit vorhanden; im extremen Falle werden sie nur gesteigert und durch das Zurücktreten der sinnlichen Ansprüche bleiben sie allein herrschend.

Dies ist besonders leicht bei unglücklicher, unerfüllbarer Liebe der Fall, da bei jeder sexuellen Befriedigung doch die Sexualüberschätzung immer wieder eine Herabsetzung erfährt. Gleichzeitig mit dieser »Hingabe« des Ichs an das Objekt, die sich von der sublimierten Hingabe an eine abstrakte Idee schon nicht mehr unterscheidet, versagen die dem Ichideal zugeteilten Funktionen gänzlich. Es schweigt die Kritik, die von dieser Instanz ausgeübt wird; alles, was das Objekt tut und fordert, ist recht und untadelhaft. Das Gewissen findet keine Anwendung auf alles, was zugunsten des Objektes geschieht; in der Liebesverblendung wird man reuelos zum Verbrecher. Die ganze Situation läßt sich restlos in eine Formel zusammenfassen: *Das Objekt hat sich an die Stelle des Ichideals gesetzt.*

Der Unterschied der Identifizierung von der Verliebtheit in ihren höchsten Ausbildungen, die man Faszination, verliebte Hörigkeit heißt, ist nun leicht zu beschreiben. Im ersteren Falle hat sich das Ich um die Eigenschaften des Objektes bereichert, sich dasselbe nach *Ferenczis* Ausdruck »introjiziert«; im zweiten Fall ist es verarmt, hat sich dem Objekt hingegeben, dasselbe an die Stelle seines wichtigsten Bestandteiles gesetzt. Indes merkt man bei näherer Erwägung bald, daß eine solche Darstellung Gegensätze vorspiegelt, die nicht bestehen. Es handelt sich ökonomisch nicht um Verarmung oder Bereicherung, man kann auch die extreme Verliebtheit so beschreiben, daß das Ich sich das Objekt introjiziert habe. Vielleicht trifft eine andere Unterscheidung eher das Wesentliche. Im Falle der Identifizierung ist das Objekt verlorengegangen oder aufgegeben worden; es wird dann im Ich wieder aufgerichtet, das Ich verändert sich partiell nach dem Vorbild des verlorenen Objektes. Im anderen Falle ist das Objekt erhalten geblieben und wird als solches von seiten und auf Kosten des Ichs überbesetzt. Aber auch hiegegen erhebt sich ein Bedenken. Steht es denn fest, daß die Identifizierung das Aufgeben der Objektbesetzung voraussetzt, kann es nicht Identifizierung bei erhaltenem Objekt geben? Und ehe wir uns in die Diskussion dieser heiklen Frage einlassen, kann uns bereits die Einsicht aufdämmern, daß eine andere Alternative das Wesen dieses Sachverhaltes in sich faßt, nämlich *ob das Objekt an die Stelle des Ichs oder des Ichideals gesetzt wird.*

Von der Verliebtheit ist offenbar kein weiter Schritt zur Hypnose. Die Übereinstimmungen beider sind augenfällig. Dieselbe demütige Unterwerfung, Gefügigkeit, Kritiklosigkeit gegen den Hypnotiseur wie gegen das geliebte Objekt. Dieselbe Aufsaugung der eigenen Initiative; kein Zweifel, der Hypnotiseur ist an die Stelle des Ichideals getreten. Alle Verhältnisse sind in der Hypnose nur noch deutlicher und gesteigerter, so daß es zweckmäßiger wäre, die Verliebtheit durch die Hypnose zu erläutern als umgekehrt. Der Hypnotiseur ist das einzige Objekt, kein anderes wird neben ihm beachtet. Daß das Ich traumhaft erlebt, was er fordert und behauptet, mahnt uns daran, daß wir verabsäumt haben, unter den Funktionen des Ichideals auch die Ausübung der Realitätsprüfung zu erwähnen.[1] Kein Wunder, daß das Ich eine Wahrnehmung für real hält, wenn die sonst mit der Aufgabe der Realitätsprüfung betraute psychische Instanz sich für diese Realität einsetzt. Die völlige Abwesenheit von Strebungen mit ungehemmten Sexualzielen trägt zur extremen Reinheit der Erscheinungen weiteres bei. Die hypnotische Beziehung ist eine uneingeschränkte verliebte Hingabe bei Ausschluß sexueller Befriedigung, während eine solche bei der Verliebtheit doch nur zeitweilig zurückgeschoben ist und als spätere Zielmöglichkeit im Hintergrunde verbleibt.

[1] S. Metapsychologische Ergänzung zur Traumlehre, Sammlung kleiner Schriften zur Neurosenlehre, Vierte Folge, 1918. (Ges. Werke, Bd. X.) Indes scheint ein Zweifel an der Berechtigung dieser Zuteilung, der eingehende Diskussion erfordert, zulässig.

Anderseits können wir aber auch sagen, die hypnotische Beziehung sei — wenn dieser Ausdruck gestattet ist — eine Massenbildung zu zweien. Die Hypnose ist kein gutes Vergleichsobjekt mit der Massenbildung, weil sie vielmehr mit dieser identisch ist. Sie isoliert uns aus dem komplizierten Gefüge der Masse ein Element, das Verhalten des Massenindividuums zum Führer. Durch diese Einschränkung der Zahl scheidet sich die Hypnose von der Massenbildung, wie durch den Wegfall der direkt sexuellen Strebungen von der Verliebtheit. Sie hält insoferne die Mitte zwischen beiden.

Es ist interessant zu sehen, daß gerade die zielgehemmten Sexualstrebungen so dauerhafte Bindungen der Menschen aneinander erzielen. Dies versteht sich aber leicht aus der Tatsache, daß sie einer vollen Befriedigung nicht fähig sind, während ungehemmte Sexualstrebungen durch die Abfuhr bei der Erreichung des jedesmaligen Sexualzieles eine außerordentliche Herabsetzung erfahren. Die sinnliche Liebe ist dazu bestimmt, in der Befriedigung zu erlöschen; um andauern zu können, muß sie mit rein zärtlichen, das heißt zielgehemmten Komponenten von Anfang an versetzt sein oder eine solche Umsetzung erfahren.

Die Hypnose würde uns das Rätsel der libidinösen Konstitution einer Masse glatt lösen, wenn sie selbst nicht noch Züge enthielte, die sich der bisherigen rationellen Aufklärung — als Verliebtheit bei Ausschluß direkt sexueller Strebungen — entziehen. Es ist noch vieles an ihr als unverstanden, als mystisch anzuerkennen. Sie enthält einen Zusatz von Lähmung aus dem Verhältnis eines Übermächtigen zu einem Ohnmächtigen, Hilflosen, was etwa zur Schreckhypnose der Tiere überleitet. Die Art, wie sie erzeugt wird, ihre Beziehung zum Schlaf, sind nicht durchsichtig, und die rätselhafte Auswahl von Personen, die sich für sie eignen, während andere sie gänzlich ablehnen, weist auf ein noch unbekanntes Moment hin, welches in ihr verwirklicht wird, und das vielleicht erst die Reinheit der Libidoeinstellungen in ihr ermöglicht. Beachtenswert ist auch, daß häufig das moralische Gewissen der hypnotisierten Person sich selbst bei sonst voller suggestiver Gefügigkeit resistent zeigen kann. Aber das mag daher kommen, daß bei der Hypnose, wie sie zumeist geübt wird, ein Wissen erhalten geblieben sein kann, es handle sich nur um ein Spiel, eine unwahre Reproduktion einer anderen, weit lebenswichtigeren Situation.

Durch die bisherigen Erörterungen sind wir aber voll darauf vorbereitet, die Formel für die libidinöse Konstitution einer Masse anzugeben. Wenigstens einer solchen Masse, wie wir sie bisher betrachtet haben, die also einen Führer hat und nicht durch allzuviel »Organisation« sekundär die Eigenschaften eines Individuums erwerben konnte. *Eine solche primäre Masse ist eine Anzahl von Individuen, die ein und dasselbe Objekt an die Stelle ihres Ichideals gesetzt und sich infolgedessen in ihrem Ich miteinander identifiziert haben.* Dies Verhältnis läßt eine graphische Darstellung zu:

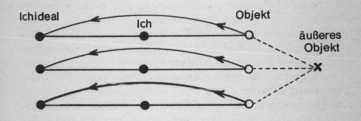

IX
Der Herdentrieb

Wir werden uns nur kurze Zeit der Illusion freuen, durch diese Formel das Rätsel der Masse gelöst zu haben. Alsbald muß uns die Mahnung beunruhigen, daß wir ja im wesentlichen die Verweisung auf das Rätsel der Hypnose angenommen haben, an dem so vieles noch unerledigt ist. Und nun zeigt uns ein anderer Einwand den weiteren Weg.

Wir dürfen uns sagen, die ausgiebigen affektiven Bindungen, die wir in der Masse erkennen, reichen voll aus, um einen ihrer Charaktere zu erklären, den Mangel an Selbständigkeit und Initiative beim Einzelnen, die Gleichartigkeit seiner Reaktion mit der aller anderen, sein Herabsinken zum Massenindividuum sozusagen. Aber die Masse zeigt, wenn wir sie als Ganzes ins Auge fassen, mehr; die Züge von Schwächung der intellektuellen Leistung, von Ungehemmtheit der Affektivität, die Unfähigkeit zur Mäßigung und zum Aufschub, die Neigung zur Überschreitung aller Schranken in der Gefühlsäußerung und zur vollen Abfuhr derselben in Handlung, dies und alles Ähnliche, was wir bei *Le Bon* so eindrucksvoll geschildert finden, ergibt ein unverkennbares Bild von Regression der seelischen Tätigkeit auf eine frühere Stufe, wie wir sie bei Wilden oder bei Kindern zu finden nicht erstaunt sind. Eine solche Regression gehört insbesondere zum Wesen der gemeinen Massen, während sie, wie wir gehört haben, bei hoch organisierten, künstlichen, weitgehend hintangehalten werden kann.

Wir erhalten so den Eindruck eines Zustandes, in dem die vereinzelte Gefühlsregung und der persönliche intellektuelle Akt des Individuums zu schwach sind, um sich allein zur Geltung zu bringen, und durchaus auf Bekräftigung durch gleichartige Wiederholung von seiten der anderen warten müssen. Wir werden daran erinnert, wieviel von diesen Phänomenen der Abhängigkeit zur normalen Konstitution der menschlichen Gesellschaft gehört, wie wenig Originalität und persönlicher Mut sich in ihr findet, wie sehr jeder Einzelne durch die Einstellungen einer Massenseele beherrscht wird, die sich als Rasseneigentümlichkeiten, Standesvorurteile, öffentliche Meinung und dergleichen kundgeben. Das Rätsel des suggestiven

Einflusses vergrößert sich für uns, wenn wir zugeben, daß ein solcher nicht allein vom Führer, sondern auch von jedem Einzelnen auf jeden Einzelnen geübt wird, und wir machen uns den Vorwurf, daß wir die Beziehung zum Führer einseitig herausgehoben, den anderen Faktor der gegenseitigen Suggestion aber ungebührend zurückgedrängt haben.

Auf solche Weise zur Bescheidenheit gewiesen, werden wir geneigt sein, auf eine andere Stimme zu horchen, welche uns Erklärung auf einfacheren Grundlagen verspricht. Ich entnehme eine solche dem klugen Buch von *W. Trotter* über den Herdentrieb, an dem ich nur bedaure, daß es sich den durch den letzten großen Krieg entfesselten Antipathien nicht ganz entzogen hat.[1]

Trotter leitet die an der Masse beschriebenen seelischen Phänomene von einem Herdeninstinkt *(gregariousness)* ab, der dem Menschen wie anderen Tierarten angeboren zukommt. Diese Herdenhaftigkeit ist biologisch eine Analogie und gleichsam eine Fortführung der Vielzelligkeit, im Sinne der Libidotheorie eine weitere Äußerung der von der Libido ausgehenden Neigung aller gleichartigen Lebewesen, sich zu immer umfassenderen Einheiten zu vereinigen.[2] Der Einzelne fühlt sich unvollständig *(incomplete)*, wenn er allein ist. Schon die Angst des kleinen Kindes sei eine Äußerung dieses Herdeninstinkts. Widerspruch gegen die Herde ist soviel wie Trennung von ihr und wird darum angstvoll vermieden. Die Herde lehnt aber alles Neue, Ungewohnte ab. Der Herdeninstinkt sei etwas Primäres, nicht weiter Zerlegbares *(which cannot be split up)*.

Trotter gibt als die Reihe der von ihm als primär angenommenen Triebe (oder Instinkte): den Selbstbehauptungs-, Ernährungs-, Geschlechts- und Herdentrieb. Der letztere gerate oft in die Lage, sich den anderen gegenüberzustellen. Schuldbewußtsein und Pflichtgefühl seien die charakteristischen Besitztümer eines *gregarious animal*. Vom Herdeninstinkt läßt *Trotter* auch die verdrängenden Kräfte ausgehen, welche die Psychoanalyse im Ich aufgezeigt hat, und folgerichtig gleicherweise die Widerstände, auf welche der Arzt bei der psychoanalytischen Behandlung stößt. Die Sprache verdanke ihre

1 W. *Trotter*, Instincts of the Herd in Peace and War. London 1916. Zweite Auflage.
2 Siehe meinen Aufsatz: Jenseits des Lustprinzips, 1920 (Ges. Werke, Bd. XIII.)

Bedeutung ihrer Eignung zur gegenseitigen Verständigung in der Herde, auf ihr beruhe zum großen Teil die Identifizierung der Einzelnen miteinander.

Wie *Le Bon* vorwiegend die charakteristischen flüchtigen Massenbildungen und *Mc Dougall* die stabilen Vergesellschaftungen, so hat *Trotter* die allgemeinsten Verbände, in denen der Mensch, dies ζῶον πολιτικόν lebt, in den Mittelpunkt seines Interesses gerückt und deren psychologische Begründung angegeben. Für *Trotter* bedarf es aber keiner Ableitung des Herdentriebes, da er ihn als primär und nicht weiter auflösbar bezeichnet. Seine Bemerkung, *Boris Sidis* leite den Herdentrieb von der Suggestibilität ab, ist zum Glück für ihn überflüssig; es ist eine Erklärung nach bekanntem, unbefriedigendem Muster, und die Umkehr dieses Satzes, also daß die Suggestibilität ein Abkömmling des Herdeninstinkts sei, erschiene mir bei weitem einleuchtender.

Aber gegen *Trotters* Darstellung läßt sich mit noch besserem Recht als gegen die anderen einwenden, daß sie auf die Rolle des Führers in der Masse zu wenig Rücksicht nimmt, während wir doch eher zum gegenteiligen Urteil neigen, daß das Wesen der Masse bei Vernachlässigung des Führers nicht zu begreifen sei. Der Herdeninstinkt läßt überhaupt für den Führer keinen Raum, dieser kommt nur so zufällig zur Herde hinzu, und im Zusammenhange damit steht, daß von diesem Trieb aus auch kein Weg zu einem Gottesbedürfnis führt; es fehlt der Hirt zur Herde. Außerdem aber kann man *Trotters* Darstellung psychologisch untergraben, das heißt man kann es zum mindesten wahrscheinlich machen, daß der Herdentrieb nicht unzerlegbar, nicht in dem Sinne primär ist wie der Selbsterhaltungstrieb und der Geschlechtstrieb.

Es ist natürlich nicht leicht, die Ontogenese des Herdentriebes zu verfolgen. Die Angst des kleinen Kindes, wenn es allein gelassen wird, die *Trotter* bereits als Äußerung des Triebes in Anspruch nehmen will, legt doch eine andere Deutung näher. Sie gilt der Mutter, später anderen vertrauten Personen, und ist der Ausdruck einer unerfüllten Sehnsucht, mit der das Kind noch nichts anderes anzufangen weiß, als sie in Angst zu verwandeln.[1] Die Angst des einsamen kleinen Kindes wird

1 Siehe »Vorlesungen zur Einführung in die Psychoanalyse«, Vorlesung XXV über die Angst. (Ges. Werke, Bd. XI.)

auch nicht durch den Anblick eines beliebigen anderen »aus der Herde« beschwichtigt, sondern im Gegenteil durch das Hinzukommen eines solchen »Fremden« erst hervorgerufen. Dann merkt man beim Kinde lange nichts von einem Herdeninstinkt oder Massengefühl. Ein solches bildet sich zuerst in der mehrzähligen Kinderstube aus dem Verhältnis der Kinder zu den Eltern, und zwar als Reaktion auf den anfänglichen Neid, mit dem das ältere Kind das jüngere aufnimmt. Das ältere Kind möchte gewiß das nachkommende eifersüchtig verdrängen, von den Eltern fernhalten und es aller Anrechte berauben, aber angesichts der Tatsache, daß auch dieses Kind — wie alle späteren — in gleicher Weise von den Eltern geliebt wird, und infolge der Unmöglichkeit, seine feindselige Einstellung ohne eigenen Schaden festzuhalten, wird es zur Identifizierung mit den anderen Kindern gezwungen, und es bildet sich in der Kinderschar ein Massen- oder Gemeinschaftsgefühl, welches dann in der Schule seine weitere Entwicklung erfährt. Die erste Forderung dieser Reaktionsbildung ist die nach Gerechtigkeit, gleicher Behandlung für alle. Es ist bekannt, wie laut und unbestechlich sich dieser Anspruch in der Schule äußert. Wenn man schon selbst nicht der Bevorzugte sein kann, so soll doch wenigstens keiner von allen bevorzugt werden. Man könnte diese Umwandlung und Ersetzung der Eifersucht durch ein Massengefühl in Kinderstube und Schulzimmer für unwahrscheinlich halten, wenn man nicht den gleichen Vorgang später unter anderen Verhältnissen neuerlich beobachten würde. Man denke an die Schar von schwärmerisch verliebten Frauen und Mädchen, die den Sänger oder Pianisten nach seiner Produktion umdrängen. Gewiß läge es jeder von ihnen nahe, auf die andere eifersüchtig zu sein, allein angesichts ihrer Anzahl und der damit verbundenen Unmöglichkeit, das Ziel ihrer Verliebtheit zu erreichen, verzichten sie darauf, und anstatt sich gegenseitig die Haare auszuraufen, handeln sie wie eine einheitliche Masse, huldigen dem Gefeierten in gemeinsamen Aktionen und wären etwa froh, sich in seinen Lockenschmuck zu teilen. Sie haben sich, ursprünglich Rivalinnen, durch die gleiche Liebe zu dem nämlichen Objekt miteinander identifizieren können. Wenn eine Triebsituation, wie ja gewöhnlich, verschiedener Ausgänge fähig ist, so werden wir uns nicht verwundern, daß jener Ausgang zustande kommt, mit dem die Möglichkeit einer gewissen Befriedigung verbunden ist, während ein anderer, selbst ein näher liegender, unterbleibt, weil die realen Verhältnisse ihm die Erreichung dieses Zieles versagen.

Was man dann später in der Gesellschaft als Gemeingeist, *esprit de corps* usw. wirksam findet, verleugnet nicht seine Abkunft vom ursprünglichen Neid. Keiner soll sich hervortun wollen, jeder das gleiche sein und haben. Soziale Gerechtigkeit will bedeuten, daß man sich selbst vieles versagt, damit auch die anderen darauf verzichten müssen, oder was dasselbe ist, es nicht fordern können. Diese Gleichheitsforderung ist die Wurzel des sozialen Gewissens und des Pflichtgefühls. In unerwarteter Weise enthüllt sie sich in der Infektionsangst der Syphilitiker, die wir durch die Psychoanalyse verstehen gelernt haben. Die Angst dieser Armen entspricht ihrem heftigen Sträuben gegen den unbewußten Wunsch, ihre Infektion auf die anderen auszubreiten, denn warum sollten sie allein infiziert und von so vielem ausgeschlossen sein und die anderen nicht? Auch die schöne Anekdote vom Urteil Salomonis hat denselben Kern. Wenn der einen Frau das Kind gestorben ist, soll auch die andere kein lebendes haben. An diesem Wunsch wird die Verlustträgerin erkannt.

Das soziale Gefühl ruht also auf der Umwendung eines erst feindseligen Gefühls in eine positiv betonte Bindung von der Natur einer Identifizierung. Soweit wir den Hergang bis jetzt durchschauen können, scheint sich diese Umwendung unter dem Einfluß einer gemeinsamen zärtlichen Bindung an eine außer der Masse stehende Person zu vollziehen. Unsere Analyse der Identifizierung erscheint uns selbst nicht als erschöpfend, aber unserer gegenwärtigen Absicht genügt es, wenn wir auf den einen Zug, daß die konsequente Durchführung der Gleichstellung gefordert wird, zurückkommen. Wir haben bereits bei der Erörterung der beiden künstlichen Massen, Kirche und Armee, gehört, ihre Voraussetzung sei, daß alle von einem, dem Führer, in gleicher Weise geliebt werden. Nun vergessen wir aber nicht, daß die Gleichheitsforderung der Masse nur für die Einzelnen derselben, nicht für den Führer gilt. Alle Einzelnen sollen einander gleich sein, aber alle wollen sie von einem beherrscht werden. Viele Gleiche, die sich miteinander identifizieren können, und ein einziger, ihnen

allen Überlegener, das ist die Situation, die wir in der lebens-
fähigen Masse verwirklicht finden. Getrauen wir uns also, die
Aussage *Trotters*, der Mensch sei ein *Herdentier*, dahin zu
korrigieren, er sei vielmehr ein *Hordentier*, ein Einzelwesen
einer von einem Oberhaupt angeführten Horde.

X
Die Masse und die Urhorde

Im Jahre 1912 habe ich die Vermutung von *Ch. Darwin* aufgenommen, daß die Urform der menschlichen Gesellschaft die von einem starken Männchen unumschränkt beherrschte Horde war. Ich habe darzulegen versucht, daß die Schicksale dieser Horde unzerstörbare Spuren in der menschlichen Erbgeschichte hinterlassen haben, speziell, daß die Entwicklung des Totemismus, der die Anfänge von Religion, Sittlichkeit und sozialer Gliederung in sich faßt, mit der gewaltsamen Tötung des Oberhauptes und der Umwandlung der Vaterhorde in eine Brüdergemeinde zusammenhängt.[1] Es ist dies zwar nur eine Hypothese wie so viele andere, mit denen die Prähistoriker das Dunkel der Urzeit aufzuhellen versuchen — eine »*just so story*« nannte sie witzig ein nicht unliebenswürdiger englischer Kritiker — aber ich meine, es ist ehrenvoll für eine solche Hypothese, wenn sie sich geeignet zeigt, Zusammenhang und Verständnis auf immer neuen Gebieten zu schaffen.

Die menschlichen Massen zeigen uns wiederum das vertraute Bild des überstarken Einzelnen inmitten einer Schar von gleichen Genossen, das auch in unserer Vorstellung von der Urhorde enthalten ist. Die Psychologie dieser Masse, wie wir sie aus den oft erwähnten Beschreibungen kennen, — der Schwund der bewußten Einzelpersönlichkeit, die Orientierung von Gedanken und Gefühlen nach gleichen Richtungen, die Vorherrschaft der Affektivität und des unbewußten Seelischen, die Tendenz zur unverzüglichen Ausführung auftauchender Absichten, — das alles entspricht einem Zustand von Regression zu einer primitiven Seelentätigkeit, wie man sie gerade der Urhorde zuschreiben möchte.[2]

---

1 Totem und Tabu, 1912/13 in »Imago« (»Einige Übereinstimmungen im Seelenleben der Wilden und der Neurotiker«), in Buchform 1913, 4. Auflage 1925. (Ges. Werke, Bd. IX.)

2 Für die Urhorde muß insbesondere gelten, was wir vorhin in der allgemeinen Charakteristik des Menschen beschrieben haben. Der Wille des Einzelnen war zu schwach, er getraute sich nicht der Tat. Es kamen gar keine anderen Impulse zustande als kollektive, es gab nur einen Gemeinwillen, keinen singulären. Die Vorstellung wagte es nicht, sich in Willen umzusetzen, wenn sie sich nicht durch die Wahrnehmung ihrer allgemeinen Verbreitung gestärkt fand. Diese Schwäche der Vorstellung findet ihre Erklärung in der Stärke der allen gemeinsamen Gefühlsbindung, aber die Gleichartigkeit der Lebensumstände und das Fehlen eines priva-

Die Masse erscheint uns so als ein Wiederaufleben der Urhorde. So wie der Urmensch in jedem Einzelnen virtuell erhalten ist, so kann sich aus einem beliebigen Menschenhaufen die Urhorde wieder herstellen; soweit die Massenbildung die Menschen habituell beherrscht, erkennen wir den Fortbestand der Urhorde in ihr. Wir müssen schließen, die Psychologie der Masse sei die älteste Menschenpsychologie; was wir unter Vernachlässigung aller Massenreste als Individualpsychologie isoliert haben, hat sich erst später, allmählich und sozusagen immer noch nur partiell aus der alten Massenpsychologie herausgehoben. Wir werden noch den Versuch wagen, den Ausgangspunkt dieser Entwicklung anzugeben.

Eine nächste Überlegung zeigt uns, in welchem Punkt diese Behauptung einer Berichtigung bedarf. Die Individualpsychologie muß vielmehr ebenso alt sein wie die Massenpsychologie, denn von Anfang an gab es zweierlei Psychologien, die der Massenindividuen und die des Vaters, Oberhauptes, Führers. Die Einzelnen der Masse waren so gebunden, wie wir sie heute finden, aber der Vater der Urhorde war frei. Seine intellektuellen Akte waren auch in der Vereinzelung stark und unabhängig, sein Wille bedurfte nicht der Bekräftigung durch den anderer. Wir nehmen konsequenterweise an, daß sein Ich wenig libidinös gebunden war, er liebte niemand außer sich, und die anderen nur, insoweit sie seinen Bedürfnissen dienten. Sein Ich gab nichts Überschüssiges an die Objekte ab.

Zu Eingang der Menschheitsgeschichte war er der *Übermensch*, den *Nietzsche* erst von der Zukunft erwartete. Noch heute bedürfen die Massenindividuen der Vorspiegelung, daß sie in gleicher und gerechter Weise vom Führer geliebt werden, aber der Führer selbst braucht niemand anderen zu lieben, er darf von Herrennatur sein, absolut narzißtisch, aber selbstsicher und selbständig. Wir wissen, daß die Liebe den Narzißmus eindämmt, und könnten nachweisen, wie sie durch diese Wirkung Kulturfaktor geworden ist.

---

ten Eigentums kommen hinzu, um die Gleichförmigkeit der seelischen Akte bei den Einzelnen zu bestimmen. — Auch die exkrementellen Bedürfnisse schließen, wie man bei Kindern und Soldaten merken kann, die Gemeinsamkeit nicht aus. Die einzige mächtige Ausnahme macht der sexuelle Akt, bei dem der Dritte zumindest überflüssig, im äußersten Falle zu einem peinlichen Abwarten verurteilt ist. Über die Reaktion des Sexualbedürfnisses (der Genitalbefriedigung) gegen das Herdenhafte siehe unten.

Der Urvater der Horde war noch nicht unsterblich, wie er es später durch Vergottung wurde. Wenn er starb, mußte er ersetzt werden; an seine Stelle trat wahrscheinlich ein jüngster Sohn, der bis dahin Massenindividuum gewesen war wie ein anderer. Es muß also eine Möglichkeit geben, die Psychologie der Masse in Individualpsychologie umzuwandeln, es muß eine Bedingung gefunden werden, unter der sich solche Umwandlung leicht vollzieht, ähnlich wie es den Bienen möglich ist, aus einer Larve im Bedarfsfalle eine Königin anstatt einer Arbeiterin zu ziehen. Man kann sich da nur dies eine vorstellen: Der Urvater hatte seine Söhne an der Befriedigung ihrer direkten sexuellen Strebungen verhindert; er zwang sie zur Abstinenz und infolgedessen zu den Gefühlsbindungen an ihn und aneinander, die aus den Strebungen mit gehemmtem Sexualziel hervorgehen konnten. Er zwang sie sozusagen in die Massenpsychologie. Seine sexuelle Eifersucht und Intoleranz sind in letzter Linie die Ursache der Massenpsychologie geworden.[1]

Für den, der sein Nachfolger wurde, war auch die Möglichkeit der sexuellen Befriedigung gegeben und damit der Austritt aus den Bedingungen der Massenpsychologie eröffnet. Die Fixierung der Libido an das Weib, die Möglichkeit der Befriedigung ohne Aufschub und Aufspeicherung machte der Bedeutung zielgehemmter Sexualstrebungen ein Ende und ließ den Narzißmus immer zur gleichen Höhe ansteigen. Auf diese Beziehung der Liebe zur Charakterbildung werden wir in einem Nachtrag zurückkommen.

Heben wir noch als besonders lehrreich hervor, in welcher Beziehung zur Konstitution der Urhorde die Veranstaltung steht, mittels derer—abgesehen von Zwangsmitteln—eine künstliche Masse zusammengehalten wird. Bei Heer und Kirche haben wir gesehen, es ist die Vorspiegelung, daß der Führer alle Einzelnen in gleicher und gerechter Weise liebt. Dies ist aber geradezu die idealistische Umarbeitung der Verhältnisse der Urhorde, in der sich alle Söhne in gleicher Weise vom Urvater verfolgt wußten und ihn in gleicher Weise fürchteten. Schon die nächste Form der menschlichen Sozietät, der totemistische Clan, hat diese Umformung, auf die alle sozialen Pflichten

[1] Es läßt sich etwa auch annehmen, daß die vertriebenen Söhne, vom Vater getrennt, den Fortschritt von der Identifizierung miteinander zur homosexuellen Objektliebe machten und so die Freiheit gewannen, den Vater zu töten.

aufgebaut sind, zur Voraussetzung. Die unverwüstliche Stärke der Familie als einer natürlichen Massenbildung beruht darauf, daß diese notwendige Voraussetzung der gleichen Liebe des Vaters für sie wirklich zutreffen kann.

Aber wir erwarten noch mehr von der Zurückführung der Masse auf die Urhorde. Sie soll uns auch das noch Unverstandene, Geheimnisvolle an der Massenbildung näherbringen, das sich hinter den Rätselworten Hypnose und Suggestion verbirgt. Und ich meine, sie kann es auch leisten. Erinnern wir uns daran, daß die Hypnose etwas direkt Unheimliches an sich hat; der Charakter des Unheimlichen deutet aber auf etwas der Verdrängung verfallenes Altes und Wohlvertrautes hin.[1] Denken wir daran, wie die Hypnose eingeleitet wird. Der Hypnotiseur behauptet im Besitz einer geheimnisvollen Macht zu sein, die dem Subjekt den eigenen Willen raubt, oder, was dasselbe ist, das Subjekt glaubt es von ihm. Diese geheimnisvolle Macht — populär noch oft als tierischer Magnetismus bezeichnet — muß dieselbe sein, welche den Primitiven als Quelle des Tabu gilt, dieselbe, die von Königen und Häuptlingen ausgeht und die es gefährlich macht, sich ihnen zu nähern (Mana). Im Besitz dieser Macht will nun der Hypnotiseur sein und wie bringt er sie zur Erscheinung? Indem er die Person auffordert, ihm in die Augen zu sehen; er hypnotisiert in typischer Weise durch seinen Blick. Gerade der Anblick des Häuptlings ist aber für den Primitiven gefährlich und unerträglich, wie später der der Gottheit für den Sterblichen. Noch Moses muß den Mittelsmann zwischen seinem Volke und Jehova machen, da das Volk den Anblick Gottes nicht ertrüge, und wenn er von der Gegenwart Gottes zurückkehrt, strahlt sein Antlitz, ein Teil des »Mana« hat sich wie beim Mittler[2] der Primitiven auf ihn übertragen.

Man kann die Hypnose allerdings auch auf anderen Wegen hervorrufen, was irreführend ist und zu unzulänglichen physiologischen Theorien Anlaß gegeben hat, zum Beispiel durch das Fixieren eines glänzenden Gegenstandes oder durch das Horchen auf ein monotones Geräusch. In Wirklichkeit dienen diese Verfahren nur der Ablenkung und Fesselung der bewußten Aufmerksamkeit. Die Situation ist die nämliche, als

1 Das Unheimliche. Imago, V (1919). (Ges. Werke, Bd. XII.)
2 S. »Totem und Tabu« und die dort zitierten Quellen.

ob der Hypnotiseur der Person gesagt hätte: Nun beschäftigen Sie sich ausschließlich mit meiner Person, die übrige Welt ist ganz uninteressant. Gewiß wäre es technisch unzweckmäßig, wenn der Hypnotiseur eine solche Rede hielte; das Subjekt würde durch sie aus seiner unbewußten Einstellung gerissen und zum bewußten Widerspruch aufgereizt werden. Aber während der Hypnotiseur es vermeidet, das bewußte Denken des Subjekts auf seine Absichten zu richten, und die Versuchsperson sich in eine Tätigkeit versenkt, bei der ihr die Welt uninteressant vorkommen muß, geschieht es, daß sie unbewußt wirklich ihre ganze Aufmerksamkeit auf den Hypnotiseur konzentriert, sich in die Einstellung des Rapports, der Übertragung, zum Hypnotiseur begibt. Die indirekten Methoden des Hypnotisierens haben also, ähnlich wie manche Techniken des Witzes, den Erfolg, gewisse Verteilungen der seelischen Energie, welche den Ablauf des unbewußten Vorgangs stören würden, hintanzuhalten, und sie führen schließlich zum gleichen Ziel wie die direkten Beeinflussungen durch Anstarren oder Streichen.[1]

Ferenczi hat richtig herausgefunden, daß sich der Hypnotiseur mit dem Schlafgebot, welches oft zur Einleitung der Hypnose gegeben wird, an die Stelle der Eltern setzt. Er meinte zwei Arten der Hypnose unterscheiden zu sollen, eine schmeichlerisch begütigende, die er dem Muttervorbild, und eine drohende, die er dem Vater zuschrieb.[2] Nun bedeutet das Gebot zu schlafen in der Hypnose auch nichts anderes, als die Aufforderung, alles Interesse von der Welt abzuziehen und auf die Person des Hypnotiseurs zu konzentrieren; es wird auch

[1] Die Situation, daß die Person unbewußt auf den Hypnotiseur eingestellt ist, während sie sich bewußt mit gleichbleibenden, uninteressanten Wahrnehmungen beschäftigt, findet ein Gegenstück in den Vorkommnissen der psychoanalytischen Behandlung, das hier erwähnt zu werden verdient. In jeder Analyse ereignet es sich mindestens einmal, daß der Patient hartnäckig behauptet, jetzt fiele ihm aber ganz bestimmt nichts ein. Seine freien Assoziationen stocken und die gewöhnlichen Antriebe, sie in Gang zu bringen, schlagen fehl. Durch Drängen erreicht man endlich das Eingeständnis, der Patient denke an die Aussicht aus dem Fenster des Behandlungsraumes, an die Tapete der Wand, die er vor sich sieht, oder an die Gaslampe, die von der Zimmerdecke herabhängt. Man weiß sofort, daß er sich in die Übertragung begeben hat, von noch unbewußten Gedanken in Anspruch genommen wird, die sich auf den Arzt beziehen, und sieht die Stockung in den Einfällen des Patienten schwinden, sobald man ihm diese Aufklärung gegeben hat.

[2] *Ferenczi*, Introjektion und Übertragung. Jahrbuch f. psychoanalytische u. psychopathol. Forschungen, I, 1909.

vom Subjekt so verstanden, denn in dieser Abziehung des Interesses von der Außenwelt liegt die psychologische Charakteristik des Schlafes und auf ihr beruht die Verwandtschaft des Schlafes mit dem hypnotischen Zustand.

Durch seine Maßnahmen weckt also der Hypnotiseur beim Subjekt ein Stück von dessen archaischer Erbschaft, die auch den Eltern entgegenkam und im Verhältnis zum Vater eine individuelle Wiederbelebung erfuhr, die Vorstellung von einer übermächtigen und gefährlichen Persönlichkeit, gegen die man sich nur passiv-masochistisch einstellen konnte, an die man seinen Willen verlieren mußte, und mit der allein zu sein, »ihr unter die Augen zu treten« ein bedenkliches Wagnis schien. Nur so etwa können wir uns das Verhältnis eines Einzelnen der Urhorde zum Urvater vorstellen. Wie wir aus anderen Reaktionen wissen, hat der Einzelne ein variables Maß von persönlicher Eignung zur Wiederbelebung solch alter Situationen bewahrt. Ein Wissen, daß die Hypnose doch nur ein Spiel, eine lügenhafte Erneuerung jener alten Eindrücke ist, kann aber erhalten bleiben und für den Widerstand gegen allzu ernsthafte Konsequenzen der hypnotischen Willensaufhebung sorgen.

Der unheimliche, zwanghafte Charakter der Massenbildung, der sich in ihren Suggestionserscheinungen zeigt, kann also wohl mit Recht auf ihre Abkunft von der Urhorde zurückgeführt werden. Der Führer der Masse ist noch immer der gefürchtete Urvater, die Masse will immer noch von unbeschränkter Gewalt beherrscht werden, sie ist im höchsten Grade autoritätssüchtig, hat nach *Le Bons* Ausdruck den Durst nach Unterwerfung. Der Urvater ist das Massenideal, das an Stelle des Ichideals das Ich beherrscht. Die Hypnose hat ein gutes Anrecht auf die Bezeichnung: eine Masse zu zweit; für die Suggestion erübrigt die Definition einer Überzeugung, die nicht auf Wahrnehmung und Denkarbeit, sondern auf erotische Bindung gegründet ist.[1]

---

1 Es erscheint mir der Hervorhebung wert, daß wir durch die Erörterungen dieses Abschnittes veranlaßt werden, von der *Bernheim*schen Auffassung der Hypnose auf die naive ältere derselben zurückzugreifen. Nach *Bernheim* sind alle hypnotischen Phänomene von dem weiter nicht aufzuklärenden Moment der Suggestion abzuleiten. Wir schließen, daß die Suggestion eine Teilerscheinung des hypnotischen Zustandes ist, der in einer unbewußt erhaltenen Disposition aus der Urgeschichte der menschlichen Familie seine gute Begründung hat.

XI
Eine Stufe im Ich

Wenn man, eingedenk der einander ergänzenden Beschreibungen der Autoren über Massenpsychologie, das Leben der heutigen Einzelmenschen überblickt, mag man vor den Komplikationen, die sich hier zeigen, den Mut zu einer zusammenfassenden Darstellung verlieren. Jeder Einzelne ist ein Bestandteil von vielen Massen, durch Identifizierung vielseitig gebunden, und hat sein Ichideal nach den verschiedensten Vorbildern aufgebaut. Jeder Einzelne hat so Anteil an vielen Massenseelen, an der seiner Rasse, des Standes, der Glaubensgemeinschaft, der Staatlichkeit usw. und kann sich darüber hinaus zu einem Stückchen Selbständigkeit und Originalität erheben. Diese ständigen und dauerhaften Massenbildungen fallen in ihren gleichmäßig anhaltenden Wirkungen der Beobachtung weniger auf als die rasch gebildeten, vergänglichen Massen, nach denen *Le Bon* die glänzende psychologische Charakteristik der Massenseele entworfen hat, und in diesen lärmenden, ephemeren, den anderen gleichsam superponierten Massen begibt sich eben das Wunder, daß dasjenige, was wir eben als die individuelle Ausbildung anerkannt haben, spurlos, wenn auch nur zeitweilig, untergeht.

Wir haben dies Wunder so verstanden, daß der Einzelne sein Ichideal aufgibt und es gegen das im Führer verkörperte Massenideal vertauscht. Das Wunder, dürfen wir berichtigend hinzufügen, ist nicht in allen Fällen gleich groß. Die Sonderung von Ich und Ichideal ist bei vielen Individuen nicht weit vorgeschritten, die beiden fallen noch leicht zusammen, das Ich hat sich oft die frühere narzißtische Selbstgefälligkeit bewahrt. Die Wahl des Führers wird durch dies Verhältnis sehr erleichtert. Er braucht oft nur die typischen Eigenschaften dieser Individuen in besonders scharfer und reiner Ausprägung zu besitzen und den Eindruck größerer Kraft und libidinöser Freiheit zu machen, so kommt ihm das Bedürfnis nach einem starken Oberhaupt entgegen und bekleidet ihn mit der Übermacht, auf die er sonst vielleicht keinen Anspruch hätte. Die anderen, deren Ichideal sich in seiner Person sonst nicht ohne Korrektur verkörpert hätte, werden dann »suggestiv«, das heißt durch Identifizierung mitgerissen.

Wir erkennen, was wir zur Aufklärung der libidinösen Struktur einer Masse beitragen konnten, führt sich auf die Unterscheidung des Ichs vom Ichideal und auf die dadurch ermöglichte doppelte Art der Bindung — Identifizierung und Einsetzung des Objekts an die Stelle des Ichideals — zurück. Die Annahme einer solchen Stufe im Ich als erster Schritt einer Ichanalyse muß ihre Rechtfertigung allmählich auf den verschiedensten Gebieten der Psychologie erweisen. In meiner Schrift »Zur Einführung des Narzißmus«[1] habe ich zusammengetragen, was sich zunächst von pathologischem Material zur Stütze dieser Sonderung verwerten ließ. Aber man darf erwarten, daß sich ihre Bedeutung bei weiterer Vertiefung in die Psychologie der Psychosen als eine viel größere enthüllen wird. Denken wir daran, daß das Ich nun in die Beziehung eines Objekts zu dem aus ihm entwickelten Ichideal tritt, und daß möglicherweise alle Wechselwirkungen, die wir zwischen äußerem Objekt und Gesamt-Ich in der Neurosenlehre kennengelernt haben, auf diesem neuen Schauplatz innerhalb des Ichs zur Wiederholung kommen.

Ich will hier nur einer der von diesem Standpunkt aus möglichen Folgerungen nachgehen und damit die Erörterung eines Problems fortsetzen, das ich an anderer Stelle ungelöst verlassen mußte.[2] Jede der seelischen Differenzierungen, die uns bekannt geworden sind, stellt eine neue Erschwerung der seelischen Funktion dar, steigert deren Labilität und kann der Ausgangspunkt eines Versagens der Funktion, einer Erkrankung werden. So haben wir mit dem Geborenwerden den Schritt vom absolut selbstgenügsamen Narzißmus zur Wahrnehmung einer veränderlichen Außenwelt und zum Beginn der Objektfindung gemacht, und damit ist verknüpft, daß wir den neuen Zustand nicht dauernd ertragen, daß wir ihn periodisch rückgängig machen und im Schlaf zum früheren Zustand der Reizlosigkeit und Objektvermeidung zurückkehren. Wir folgen dabei allerdings einem Wink der Außenwelt, die uns durch den periodischen Wechsel von Tag und Nacht zeitweilig den größten Anteil der auf uns wirkenden Reize ent-

---

1 Jahrbuch der Psychoanalyse, VI, 1914. Sammlung kleiner Schriften zur Neurosenlehre, 4. Folge. (Ges. Werke, Bd. X.)
2 Trauer und Melancholie. Internationale Zeitschrift für Psychoanalyse, IV, 1916/18. Sammlung kleiner Schriften zur Neurosenlehre, 4. Folge. (Ges. Werke, Bd X.)

zieht. Keiner ähnlichen Einschränkung ist das zweite, für die Pathologie bedeutsamere Beispiel unterworfen. Im Laufe unserer Entwicklung haben wir eine Sonderung unseres seelischen Bestandes in ein kohärentes Ich und ein außerhalb dessen gelassenes, unbewußtes Verdrängtes vorgenommen, und wir wissen, daß die Stabilität dieser Neuerwerbung beständigen Erschütterungen ausgesetzt ist. Im Traum und in der Neurose pocht dieses Ausgeschlossene um Einlaß an den von Widerständen bewachten Pforten, und in wacher Gesundheit bedienen wir uns besonderer Kunstgriffe, um das Verdrängte mit Umgehung der Widerstände und unter Lustgewinn zeitweilig in unser Ich aufzunehmen. Witz und Humor, zum Teil auch das Komische überhaupt, dürfen in diesem Licht betrachtet werden. Jedem Kenner der Neurosenpsychologie werden ähnliche Beispiele von geringerer Tragweite einfallen, aber ich eile zu der beabsichtigten Anwendung.

Es wäre gut denkbar, daß auch die Scheidung des Ichideals vom Ich nicht dauernd vertragen wird und sich zeitweilig zurückbilden muß. Bei allen Verzichten und Einschränkungen, die dem Ich auferlegt werden, ist der periodische Durchbruch der Verbote Regel, wie ja die Institution der Feste zeigt, die ursprünglich nichts anderes sind als vom Gesetz gebotene Exzesse und dieser Befreiung auch ihren heiteren Charakter verdanken.[1] Die Saturnalien der Römer und unser heutiger Karneval treffen in diesem wesentlichen Zug mit den Festen der Primitiven zusammen, die in Ausschweifungen jeder Art mit Übertretung der sonst heiligsten Gebote auszugehen pflegen. Das Ichideal umfaßt aber die Summe aller Einschränkungen, denen das Ich sich fügen soll, und darum müßte die Einziehung des Ideals ein großartiges Fest für das Ich sein, das dann wieder einmal mit sich selbst zufrieden sein dürfte.[2]

Es kommt immer zu einer Empfindung von Triumph, wenn etwas im Ich mit dem Ichideal zusammenfällt. Als Ausdruck der Spannung zwischen Ich und Ideal kann auch das Schuldgefühl (und Minderwertigkeitsgefühl) verstanden werden.

1 Totem und Tabu. (Ges. Werke, Bd. IX.)
2 *Trotter* läßt die Verdrängung vom Herdentrieb ausgehen. Es ist eher eine Übersetzung in eine andere Ausdrucksweise als ein Widerspruch, wenn ich in der »Einführung des Narzißmus« gesagt habe: die Idealbildung wäre von seiten des Ichs die Bedingung der Verdrängung.

Es gibt bekanntlich Menschen, bei denen das Allgemeingefühl der Stimmung in periodischer Weise schwankt, von einer übermäßigen Gedrücktheit durch einen gewissen Mittelzustand zu einem erhöhten Wohlbefinden, und zwar treten diese Schwankungen in sehr verschieden großen Amplituden auf, vom eben Merklichen bis zu jenen Extremen, die als Melancholie und Manie höchst qualvoll oder störend in das Leben der Betroffenen eingreifen. In typischen Fällen dieser zyklischen Verstimmung scheinen äußere Veranlassungen keine entscheidende Rolle zu spielen; von inneren Motiven findet man bei diesen Kranken nicht mehr oder nichts anderes als bei allen anderen. Man hat sich deshalb gewöhnt, diese Fälle als nicht psychogene zu beurteilen. Von anderen, ganz ähnlichen Fällen zyklischer Verstimmung, die sich aber leicht auf seelische Traumen zurückführen, soll später die Rede sein.

Die Begründung dieser spontanen Stimmungsschwankungen ist also unbekannt; in den Mechanismus der Ablösung einer Melancholie durch eine Manie fehlt uns die Einsicht. Somit wären dies die Kranken, für welche unsere Vermutung Geltung haben könnte, daß ihr Ichideal zeitweilig ins Ich aufgelöst wird, nachdem es vorher besonders strenge regiert hat.

Halten wir zur Vermeidung von Unklarheiten fest: Auf dem Boden unserer Ichanalyse ist es nicht zweifelhaft, daß beim Manischen Ich und Ichideal zusammengeflossen sind, so daß die Person sich in einer durch keine Selbstkritik gestörten Stimmung von Triumph und Selbstbeglücktheit des Wegfalles von Hemmungen, Rücksichten und Selbstvorwürfen erfreuen kann. Es ist minder evident, aber doch recht wahrscheinlich, daß das Elend des Melancholikers der Ausdruck eines scharfen Zwiespalts zwischen beiden Instanzen des Ichs ist, in dem das übermäßig empfindliche Ideal seine Verurteilung des Ichs im Kleinheitswahn und in der Selbsterniedrigung schonungslos zum Vorschein bringt. In Frage steht nur, ob man die Ursache dieser veränderten Beziehungen zwischen Ich und Ichideal in den oben postulierten periodischen Auflehnungen gegen die neue Institution suchen, oder andere Verhältnisse dafür verantwortlich machen soll.

Der Umschlag in Manie ist kein notwendiger Zug im Krankheitsbild der melancholischen Depression. Es gibt einfache, einmalige und auch periodisch wiederholte Melancholien, welche niemals dieses Schicksal haben. Anderseits gibt es Melancholien, bei denen die Veranlassung offenbar eine ätiologische Rolle spielt. Es sind die nach dem Verlust eines geliebten Objekts, sei es durch den Tod desselben oder infolge von Umständen, die zum Rückzug der Libido vom Objekt genötigt haben. Eine solche psychogene Melancholie kann ebensowohl in Manie ausgehen und dieser Zyklus mehrmals wiederholt werden wie bei einer anscheinend spontanen. Die Verhältnisse sind also ziemlich undurchsichtig, zumal da bisher nur wenige Formen und Fälle von Melancholie der psychoanalytischen Untersuchung unterzogen worden sind.[1] Wir verstehen bis jetzt nur jene Fälle, in denen das Objekt aufgegeben wurde, weil es sich der Liebe unwürdig gezeigt hatte. Es wird dann durch Identifizierung im Ich wieder aufgerichtet und vom Ichideal streng gerichtet. Die Vorwürfe und Aggressionen gegen das Objekt kommen als melancholische Selbstvorwürfe zum Vorschein.[2]

Auch an eine solche Melancholie kann sich der Umschlag in Manie anschließen, so daß diese Möglichkeit einen von den übrigen Charakteren des Krankheitsbildes unabhängigen Zug darstellt.

Ich sehe indes keine Schwierigkeit, das Moment der periodischen Auflehnung des Ichs gegen das Ichideal für beide Arten der Melancholien, die psychogenen wie die spontanen, in Betracht kommen zu lassen. Bei den spontanen kann man annehmen, daß das Ichideal zur Entfaltung einer besonderen Strenge neigt, die dann automatisch seine zeitweilige Aufhebung zur Folge hat. Bei den psychogenen würde das Ich zur Auflehnung gereizt durch die Mißhandlung von seiten seines Ideals, die es im Fall der Identifizierung mit einem verworfenen Objekt erfährt.

---

1 Vgl. *Abraham*, Ansätze zur psychoanalytischen Erforschung und Behandlung des manisch-depressiven Irreseins usw., 1912, in »Klinische Beiträge zur Psychoanalyse« 1921.

2 Genauer gesagt: sie verbergen sich hinter den Vorwürfen gegen das eigene Ich, verleihen ihnen die Festigkeit, Zähigkeit und Unabweisbarkeit, durch welche sich die Selbstvorwürfe der Melancholiker auszeichnen.

XII
Nachträge

Im Laufe der Untersuchung, die jetzt zu einem vorläufigen Abschluß gekommen ist, haben sich uns verschiedene Nebenwege eröffnet, die wir zuerst vermieden haben, auf denen uns aber manche nahe Einsicht winkte. Einiges von dem so Zurückgestellten wollen wir nun nachholen.

A) Die Unterscheidung von Ichidentifizierung und Ichidealersetzung durch das Objekt findet eine interessante Erläuterung an den zwei großen künstlichen Massen, die wir eingangs studiert haben, dem Heer und der christlichen Kirche.
Es ist evident, daß der Soldat seinen Vorgesetzten, also eigentlich den Armeeführer, zum Ideal nimmt, während er sich mit seinesgleichen identifiziert und aus dieser Ichgemeinsamkeit die Verpflichtungen der Kameradschaft zur gegenseitigen Hilfeleistung und Güterteilung ableitet. Aber er wird lächerlich, wenn er sich mit dem Feldherrn identifizieren will. Der Jäger in Wallensteins Lager verspottet darob den Wachtmeister:

Wie er räuspert und wie er spuckt,
Das habt ihr ihm glücklich abgeguckt! ...

Anders in der katholischen Kirche. Jeder Christ liebt Christus als sein Ideal und fühlt sich den anderen Christen durch Identifizierung verbunden. Aber die Kirche fordert von ihm mehr. Er soll überdies sich mit Christus identifizieren und die anderen Christen lieben, wie Christus sie geliebt hat. Die Kirche fordert also an beiden Stellen die Ergänzung der durch die Massenbildung gegebenen Libidoposition. Die Identifizierung soll dort hinzukommen, wo die Objektwahl stattgefunden hat, und die Objektliebe dort, wo die Identifizierung besteht. Dieses Mehr geht offenbar über die Konstitution der Masse hinaus. Man kann ein guter Christ sein und doch könnte einem die Idee, sich an Christi Stelle zu setzen, wie er alle Menschen liebend zu umfassen, ferne liegen. Man braucht sich ja nicht als schwacher Mensch die Seelengröße und Liebesstärke des Heilands zuzutrauen. Aber diese Weiterentwicklung der Libidoverteilung in der Masse ist wahrscheinlich das Moment, auf welches das Christentum den Anspruch gründet, eine höhere Sittlichkeit gewonnen zu haben.

B) Wir sagten, es wäre möglich, die Stelle in der seelischen Entwicklung der Menschheit anzugeben, an der sich auch für den Einzelnen der Fortschritt von der Massen- zur Individualpsychologie vollzog.[1]

Dazu müssen wir wieder kurz auf den wissenschaftlichen Mythus vom Vater der Urhorde zurückgreifen. Er wurde später zum Weltschöpfer erhöht, mit Recht, denn er hatte alle die Söhne erzeugt, welche die erste Masse zusammensetzten. Er war das Ideal jedes einzelnen von ihnen, gleichzeitig gefürchtet und verehrt, was für später den Begriff des Tabu ergab. Diese Mehrheit faßte sich einmal zusammen, tötete und zerstückelte ihn. Keiner der Massensieger konnte sich an seine Stelle setzen, oder wenn es einer tat, erneuerten sich die Kämpfe, bis sie einsahen, daß sie alle auf die Erbschaft des Vaters verzichten mußten. Sie bildeten dann die totemistische Brüdergemeinschaft, alle mit gleichem Rechte und durch die Totemverbote gebunden, die das Andenken der Mordtat erhalten und sühnen sollten. Aber die Unzufriedenheit mit dem Erreichten blieb und wurde die Quelle neuer Entwicklungen. Allmählich näherten sich die zur Brudermasse Verbundenen einer Herstellung des alten Zustandes auf neuem Niveau, der Mann wurde wiederum Oberhaupt einer Familie und brach die Vorrechte der Frauenherrschaft, die sich in der vaterlosen Zeit festgesetzt hatte. Zur Entschädigung mag er damals die Muttergottheiten anerkannt haben, deren Priester kastriert wurden zur Sicherung der Mutter nach dem Beispiel, das der Vater der Urhorde gegeben hatte; doch war die neue Familie nur ein Schatten der alten, der Väter waren viele und jeder durch die Rechte des anderen beschränkt.

Damals mag die sehnsüchtige Entbehrung einen Einzelnen bewogen haben, sich von der Masse loszulösen und sich in die Rolle des Vaters zu versetzen. Wer dies tat, war der erste epische Dichter, der Fortschritt wurde in seiner Phantasie vollzogen. Der Dichter log die Wirklichkeit um im Sinne seiner

---

[1] Das hier Folgende steht unter dem Einflusse eines Gedankenaustausches mit Otto *Rank*. (Siehe »Die Don Juan-Gestalt«, Imago, VIII, 1922); seither auch in Buchform, 1924.

Sehnsucht. Er erfand den heroischen Mythus. Heros war, wer allein den Vater erschlagen hatte, der im Mythus noch als totemistisches Ungeheuer erschien. Wie der Vater das erste Ideal des Knaben gewesen war, so schuf jetzt der Dichter im Heros, der den Vater ersetzen will, das erste Ichideal. Die Anknüpfung an den Heros bot wahrscheinlich der jüngste Sohn, der Liebling der Mutter, den sie vor der väterlichen Eifersucht beschützt hatte, und der in Urhordenzeiten der Nachfolger des Vaters geworden war. In der lügenhaften Umdichtung der Urzeit wurde das Weib, das der Kampfpreis und die Verlockung des Mordes gewesen war, wahrscheinlich zur Verführerin und Anstifterin der Untat.

Der Heros will die Tat allein vollbracht haben, deren sich gewiß nur die Horde als Ganzes getraut hatte. Doch hat nach einer Bemerkung von *Rank* das Märchen deutliche Spuren des verleugneten Sachverhaltes bewahrt. Denn dort kommt es häufig vor, daß der Held, der eine schwierige Aufgabe zu lösen hat — meist ein jüngster Sohn, nicht selten einer, der sich vor dem Vatersurrogat dumm, das heißt ungefährlich gestellt hat — diese Aufgabe doch nur mit Hilfe einer Schar von kleinen Tieren (Bienen, Ameisen) lösen kann. Dies wären die Brüder der Urhorde, wie ja auch in der Traumsymbolik Insekten, Ungeziefer die Geschwister (verächtlich: als kleine Kinder) bedeuten. Jede der Aufgaben in Mythus und Märchen ist überdies leicht als Ersatz der heroischen Tat zu erkennen.

Der Mythus ist also der Schritt, mit dem der Einzelne aus der Massenpsychologie austritt. Der erste Mythus war sicherlich der psychologische, der Heroenmythus; der erklärende Naturmythus muß weit später aufgekommen sein. Der Dichter, der diesen Schritt getan und sich so in der Phantasie von der Masse gelöst hatte, weiß nach einer weiteren Bemerkung von *Rank* doch in der Wirklichkeit die Rückkehr zu ihr zu finden. Denn er geht hin und erzählt dieser Masse die Taten seines Helden, die er erfunden. Dieser Held ist im Grunde kein anderer als er selbst. Er senkt sich somit zur Realität herab und hebt seine Hörer zur Phantasie empor. Die Hörer aber verstehen den Dichter, sie können sich auf Grund der nämlichen sehnsüchtigen Beziehung zum Urvater mit dem Heros identifizieren.[1]

1 Vgl. Hanns *Sachs*, Gemeinsame Tagträume, Autoreferat eines Vortrages auf dem VI. Psychoanalytischen Kongreß im Haag, 1920. Internationale Zeitschrift für

Die Lüge des heroischen Mythus gipfelt in der Vergottung des Heros. Vielleicht war der vergottete Heros früher als der Vatergott, der Vorläufer der Wiederkehr des Urvaters als Gottheit. Die Götterreihe liefe dann chronologisch so: Mutter-göttin—Heros—Vatergott. Aber erst mit der Erhöhung des nie vergessenen Urvaters erhielt die Gottheit die Züge, die wir noch heute an ihr kennen.[1]

C) Wir haben in dieser Abhandlung viel von direkten und von zielgehemmten Sexualtrieben gesprochen und dürfen hoffen, daß diese Unterscheidung nicht auf großen Widerstand stoßen wird. Doch wird eine eingehende Erörterung darüber nicht unwillkommen sein, selbst wenn sie nur wiederholt, was zum großen Teil bereits an früheren Stellen gesagt worden ist.

Das erste, aber auch beste Beispiel zielgehemmter Sexualtriebe hat uns die Libidoentwicklung des Kindes kennen gelehrt. Alle die Gefühle, welche das Kind für seine Eltern und Pflege-personen empfindet, setzen sich ohne Schranke in die Wün-sche fort, welche dem Sexualstreben des Kindes Ausdruck geben. Das Kind verlangt von diesen geliebten Personen alle Zärtlichkeiten, die ihm bekannt sind, will sie küssen, berüh-ren, beschauen, ist neugierig, ihre Genitalien zu sehen und bei ihren intimen Exkretionsverrichtungen anwesend zu sein, es verspricht, die Mutter oder Pflegerin zu heiraten, was immer es sich darunter vorstellen mag, setzt sich vor, dem Vater ein Kind zu gebären usw. Direkte Beobachtung sowie die nachträgliche analytische Durchleuchtung der Kindheits-reste lassen über das unmittelbare Zusammenfließen zärtlicher und eifersüchtiger Gefühle und sexueller Absichten keinen Zweifel und legen uns dar, in wie gründlicher Weise das Kind die geliebte Person zum Objekt aller seiner noch nicht richtig zentrierten Sexualbestrebungen macht. (Vgl. Sexualtheorie.)

Diese erste Liebesgestaltung des Kindes, die typisch dem Ödi-puskomplex zugeordnet ist, erliegt dann, wie bekannt, vom Beginn der Latenzzeit an einem Verdrängungsschub. Was von

Psychoanalyse, VI, (1920); seither auch in Buchform erschienen (Imago-Bücher, Bd. 3).
1 In dieser abgekürzten Darstellung ist auf alles Material aus Sage, Mythus Märchen, Sittengeschichte usw. zur Stütze der Konstruktion verzichtet worden.

ihr erübrigt, zeigt sich uns als rein zärtliche Gefühlsbindung, die denselben Personen gilt, aber nicht mehr als »sexuell« bezeichnet werden soll. Die Psychoanalyse, welche die Tiefen des Seelenlebens durchleuchtet, hat es nicht schwer, aufzuweisen, daß auch die sexuellen Bindungen der ersten Kinderjahre noch fortbestehen, aber verdrängt und unbewußt. Sie gibt uns den Mut zu behaupten, daß überall, wo wir ein zärtliches Gefühl begegnen, dies der Nachfolger einer voll »sinnlichen« Objektbindung an die betreffende Person oder ihr Vorbild (ihre Imago) ist. Sie kann uns freilich nicht ohne besondere Untersuchung verraten, ob diese vorgängige sexuelle Vollströmung in einem gegebenen Fall noch als verdrängt besteht oder ob sie bereits aufgezehrt ist. Um es noch schärfer zu fassen: es steht fest, daß sie als Form und Möglichkeit noch vorhanden ist und jederzeit wieder durch Regression besetzt, aktiviert werden kann; es fragt sich nur und ist nicht immer zu entscheiden, welche Besetzung und Wirksamkeit sie gegenwärtig noch hat. Man muß sich hiebei gleichmäßig vor zwei Fehlerquellen in acht nehmen, vor der Scylla der Unterschätzung des verdrängten Unbewußten, wie vor der Charybdis der Neigung, das Normale durchaus mit dem Maß des Pathologischen zu messen.

Der Psychologie, welche die Tiefe des Verdrängten nicht durchdringen will oder kann, stellen sich die zärtlichen Gefühlsbindungen jedenfalls als Ausdruck von Strebungen dar, die nicht nach dem Sexuellen zielen, wenngleich sie aus solchen, die danach gestrebt haben, hervorgegangen sind.[1]

Wir sind berechtigt zu sagen, sie sind von diesen sexuellen Zielen abgelenkt worden, wenngleich es seine Schwierigkeiten hat, in der Darstellung einer solchen Zielablenkung den Anforderungen der Metapsychologie zu entsprechen. Übrigens halten diese zielgehemmten Triebe immer noch einige der ursprünglichen Sexualziele fest; auch der zärtlich Anhängliche, auch der Freund, der Verehrer sucht die körperliche Nähe und den Anblick der nur mehr im »paulinischen« Sinne geliebten Person. Wenn wir es wollen, können wir in dieser Zielablenkung einen Beginn von *Sublimierung* der Sexualtriebe anerkennen oder aber die Grenze für letztere noch ferner stecken.

1 Die feindseligen Gefühle sind gewiß um ein Stück komplizierter aufgebaut.

Die zielgehemmten Sexualtriebe haben vor den ungehemmten einen großen funktionellen Vorteil. Da sie einer eigentlich vollen Befriedigung nicht fähig sind, eignen sie sich besonders dazu, dauernde Bindungen zu schaffen, während die direkt sexuellen jedesmal durch die Befriedigung ihrer Energie verlustig werden und auf Erneuerung durch Wiederanhäufung der sexuellen Libido warten müssen, wobei inzwischen das Objekt gewechselt werden kann. Die gehemmten Triebe sind jedes Maßes von Vermengung mit den ungehemmten fähig, können sich in sie rückverwandeln, wie sie aus ihnen hervorgegangen sind. Es ist bekannt, wie leicht sich aus Gefühlsbeziehungen freundschaftlicher Art, auf Anerkennung und Bewunderung gegründet, erotische Wünsche entwickeln (das Molièresche: Embrassez-moi pour l'amour du Grec), zwischen Meister und Schülerin, Künstler und entzückter Zuhörerin, zumal bei Frauen. Ja, die Entstehung solcher zuerst absichtsloser Gefühlsbindungen gibt direkt einen viel begangenen Weg zur sexuellen Objektwahl. In der »Frömmigkeit des Grafen von Zinzendorf« hat Pfister ein überdeutliches, gewiß nicht vereinzeltes Beispiel dafür aufgezeigt, wie nahe es liegt, daß auch intensive religiöse Bindung in brünstige sexuelle Erregung zurückschlägt. Anderseits ist auch die Umwandlung direkter, an sich kurzlebiger, sexueller Strebungen in dauernde, bloß zärtliche Bindung etwas sehr Gewöhnliches und die Konsolidierung einer aus verliebter Leidenschaft geschlossenen Ehe beruht zu einem großen Teil auf diesem Vorgang.
Es wird uns natürlich nicht verwundern zu hören, daß die zielgehemmten Sexualstrebungen sich aus den direkt sexuellen dann ergeben, wenn sich der Erreichung der Sexualziele innere oder äußere Hindernisse entgegenstellen. Die Verdrängung der Latenzzeit ist ein solches inneres — oder besser: innerlich gewordenes — Hindernis. Vom Vater der Urhorde haben wir angenommen, daß er durch seine sexuelle Intoleranz alle Söhne zur Abstinenz nötigt und sie so in zielgehemmte Bindungen drängt, während er sich selbst freien Sexualgenuß vorbehält und somit ungebunden bleibt. Alle Bindungen, auf denen die Masse beruht, sind von der Art der zielgehemmten Triebe. Damit aber haben wir uns der Erörterung eines neuen Themas genähert, welches die Beziehung der direkten Sexualtriebe zur Massenbildung behandelt.

D) Wir sind bereits durch die beiden letzten Bemerkungen darauf vorbereitet zu finden, daß die direkten Sexualstrebungen der Massenbildung ungünstig sind. Es hat zwar auch in der Entwicklungsgeschichte der Familie Massenbeziehungen der sexuellen Liebe gegeben (die Gruppenehe), aber je bedeutungsvoller die Geschlechtsliebe für das Ich wurde, je mehr Verliebtheit sie entwickelte, desto eindringlicher forderte sie die Einschränkung auf zwei Personen — *una cum uno* —, die durch die Natur des Genitalzieles vorgezeichnet ist. Die polygamen Neigungen wurden darauf angewiesen, sich im Nacheinander des Objektwechsels zu befriedigen.

Die beiden zum Zweck der Sexualbefriedigung aufeinander angewiesenen Personen demonstrieren gegen den Herdentrieb, das Massengefühl, indem sie die Einsamkeit aufsuchen. Je verliebter sie sind, desto vollkommener genügen sie einander. Die Ablehnung des Einflusses der Masse äußert sich als Schamgefühl. Die äußerst heftigen Gefühlsregungen der Eifersucht werden aufgeboten, um die sexuelle Objektwahl gegen die Beeinträchtigung durch eine Massenbindung zu schützen. Nur wenn der zärtliche, also persönliche Faktor der Liebesbeziehung völlig hinter dem sinnlichen zurücktritt, wird der Liebesverkehr eines Paares in Gegenwart anderer oder gleichzeitige Sexualakte innerhalb einer Gruppe wie bei der Orgie möglich. Damit ist aber eine Regression zu einem frühen Zustand der Geschlechtsbeziehungen gegeben, in dem die Verliebtheit noch keine Rolle spielte, die Sexualobjekte einander gleichwertig erachtet wurden, etwa im Sinne von dem bösen Wort *Bernard Shaw*'s: Verliebtsein heiße, den Unterschied zwischen einem Weib und einem anderen ungebührlich überschätzen.

Es sind reichlich Anzeichen dafür vorhanden, daß die Verliebtheit erst spät in die Sexualbeziehungen zwischen Mann und Weib Eingang fand, so daß auch die Gegnerschaft zwischen Geschlechtsliebe und Massenbindung eine spät entwickelte ist. Nun kann es den Anschein haben, als ob diese Annahme unverträglich mit unserem Mythus von der Urfamilie wäre. Die Brüderschar soll doch durch die Liebe zu den Müttern und Schwestern zum Vatermord getrieben worden sein, und es ist schwer, sich diese Liebe anders denn als eine ungebrochene, primitive, das heißt als innige Vereinigung von zärtlicher und sinnlicher vorzustellen. Allein bei weiterer Überlegung löst sich dieser Einwand in eine Bestätigung auf. Eine der Reaktionen auf den Vatermord war doch die Einrichtung der totemistischen Exogamie, das Verbot jeder sexuellen Beziehung mit den von der Kindheit an zärtlich geliebten Frauen der Familie. Damit war der Keil zwischen die zärtlichen und sinnlichen Regungen des Mannes eingetrieben, der heute noch in seinem Liebesleben festsitzt.[1] Infolge dieser Exogamie mußten sich die sinnlichen Bedürfnisse der Männer mit fremden und ungeliebten Frauen begnügen.

In den großen, künstlichen Massen, Kirche und Heer, ist für das Weib als Sexualobjekt kein Platz. Die Liebesbeziehung zwischen Mann und Weib bleibt außerhalb dieser Organisationen. Auch wo sich Massen bilden, die aus Männern und Weibern gemischt sind, spielt der Geschlechtsunterschied keine Rolle. Es hat kaum einen Sinn zu fragen, ob die Libido, welche die Massen zusammenhält, homosexueller oder heterosexueller Natur ist, denn sie ist nicht nach den Geschlechtern differenziert und sieht insbesondere von den Zielen der Genitalorganisation der Libido völlig ab.

Die direkten Sexualstrebungen erhalten auch für das sonst in der Masse aufgehende Einzelwesen ein Stück individueller Betätigung. Wo sie überstark werden, zersetzen sie jede Massenbildung. Die katholische Kirche hatte die besten Motive, ihren Gläubigen die Ehelosigkeit zu empfehlen und ihren Priestern das Zölibat aufzuerlegen, aber die Verliebtheit hat oft auch Geistliche zum Austritt aus der Kirche getrieben. In gleicher Weise durchbricht die Liebe zum Weibe die Massenbindungen der Rasse, der nationalen Absonderung und der sozialen Klassenordnung und vollbringt damit kulturell wichtige Leistungen. Es scheint gesichert, daß sich die homosexuelle Liebe mit den Massenbindungen weit besser verträgt, auch wo sie als ungehemmte Sexualstrebung auftritt; eine merkwürdige Tatsache, deren Aufklärung weit führen dürfte.

Die psychoanalytische Untersuchung der Psychoneurosen hat uns gelehrt, daß deren Symptome von verdrängten, aber aktiv gebliebenen direkten Sexualstrebungen abzuleiten sind. Man

---

1 S. Über die allgemeinste Erniedrigung des Liebeslebens. 1912. (Ges. Werke, Bd. VIII.)

kann diese Formel vervollständigen, wenn man hinzufügt: oder von solchen zielgehemmten, bei denen die Hemmung nicht durchgehends gelungen ist oder einer Rückkehr zum verdrängten Sexualziel den Platz geräumt hat. Diesem Verhältnis entspricht, daß die Neurose asozial macht, den von ihr Betroffenen aus den habituellen Massenbildungen heraushebt. Man kann sagen, die Neurose wirkt in ähnlicher Weise zersetzend auf die Masse wie die Verliebtheit. Dafür kann man sehen, daß dort, wo ein kräftiger Anstoß zur Massenbildung erfolgt ist, die Neurosen zurücktreten und wenigstens für eine Zeitlang schwinden können. Man hat auch mit Recht versucht, diesen Widerstreit von Neurose und Massenbildung therapeutisch zu verwerten. Auch wer das Schwinden der religiösen Illusionen in der heutigen Kulturwelt nicht bedauert, wird zugestehen, daß sie den durch sie Gebundenen den stärksten Schutz gegen die Gefahr der Neurose boten, so lange sie selbst noch in Kraft waren. Es ist auch nicht schwer, in all den Bindungen an mystisch-religiöse oder philosophisch-mystische Sekten und Gemeinschaften den Ausdruck von Schiefheilungen mannigfaltiger Neurosen zu erkennen. Das alles hängt mit dem Gegensatz der direkten und zielgehemmten Sexualstrebungen zusammen.

Sich selbst überlassen, ist der Neurotiker genötigt, sich die großen Massenbildungen, von denen er ausgeschlossen ist, durch seine Symptombildungen zu ersetzen. Er schafft sich seine eigene Phantasiewelt, seine Religion, sein Wahnsystem und wiederholt so die Institutionen der Menschheit in einer Verzerrung, welche deutlich den übermächtigen Beitrag der direkten Sexualstrebungen bezeugt.[1]

E) Fügen wir zum Schluß eine vergleichende Würdigung der Zustände, die uns beschäftigt haben, vom Standpunkt der Libidotheorie an, der Verliebtheit, Hypnose, Massenbildung und der Neurose.

Die *Verliebtheit* beruht auf dem gleichzeitigen Vorhandensein von direkten und von zielgehemmten Sexualstrebungen, wobei das Objekt einen Teil der narzißtischen Ichlibido auf sich zieht. Sie hat nur Raum für das Ich und das Objekt.

[1] S. Totem und Tabu, zu Ende des Abschnittes II: Das Tabu und die Ambivalenz. (Ges. Werke, Bd. IX.)

Die *Hypnose* teilt mit der Verliebtheit die Einschränkung auf diese beiden Personen, aber sie beruht durchaus auf zielgehemmten Sexualstrebungen und setzt das Objekt an die Stelle des Ichideals.

Die *Masse* vervielfältigt diesen Vorgang, sie stimmt mit der Hypnose in der Natur der sie zusammenhaltenden Triebe und in der Ersetzung des Ichideals durch das Objekt überein, aber sie fügt die Identifizierung mit anderen Individuen hinzu, die vielleicht ursprünglich durch die gleiche Beziehung zum Objekt ermöglicht wurde.

Beide Zustände, Hypnose wie Massenbildung, sind Erbniederschläge aus der Phylogenese der menschlichen Libido, die Hypnose als Disposition, die Masse überdies als direktes Überbleibsel. Die Ersetzung der direkten Sexualstrebungen durch die zielgehemmten befördert bei beiden die Sonderung von Ich und Ichideal, zu der bei der Verliebtheit schon ein Anfang gemacht ist.

Die *Neurose* tritt aus dieser Reihe heraus. Auch sie beruht auf einer Eigentümlichkeit der menschlichen Libidoentwicklung, auf dem durch die Latenzzeit unterbrochenen, doppelten Ansatz der direkten Sexualfunktion.[1] Insoferne teilt sie mit Hypnose und Massenbildung den Charakter einer Regression, welcher der Verliebtheit abgeht. Sie tritt überall dort auf, wo der Fortschritt von direkten zu zielgehemmten Sexualtrieben nicht voll geglückt ist, und entspricht einem *Konflikt* zwischen den ins Ich aufgenommenen Trieben, welche eine solche Entwicklung durchgemacht haben, und den Anteilen derselben Triebe, welche vom verdrängten Unbewußten her — ebenso wie andere völlig verdrängte Triebregungen — nach ihrer direkten Befriedigung streben. Sie ist inhaltlich ungemein reichhaltig, da sie alle möglichen Beziehungen zwischen Ich und Objekt umfaßt, sowohl die, in denen das Objekt beibehalten, als auch andere, in denen es aufgegeben oder im Ich selbst aufgerichtet ist, aber ebenso die Konfliktbeziehungen zwischen dem Ich und seinem Ichideal.

---

1 S. Sexualtheorie, 5. Auflage, 1922, S. 96. (Ges. Werke, Bd. V.)

Die Zukunft einer Illusion

I

Wenn man eine ganze Weile innerhalb einer bestimmten
Kultur gelebt und sich oft darum bemüht hat zu erforschen,
wie ihre Ursprünge und der Weg ihrer Entwicklung waren,
verspürt man auch einmal die Versuchung, den Blick nach der
anderen Richtung zu wenden und die Frage zu stellen, welches
fernere Schicksal dieser Kultur bevorsteht und welche Wandlungen durchzumachen ihr bestimmt ist. Man wird aber bald
merken, daß eine solche Untersuchung von vornherein durch
mehrere Momente entwertet wird. Vor allem dadurch, daß es
nur wenige Personen gibt, die das menschliche Getriebe in all
seinen Ausbreitungen überschauen können. Für die meisten
ist Beschränkung auf ein einzelnes oder wenige Gebiete notwendig geworden; je weniger aber einer vom Vergangenen
und Gegenwärtigen weiß, desto unsicherer muß sein Urteil
über das Zukünftige ausfallen. Ferner darum, weil gerade bei
diesem Urteil die subjektiven Erwartungen des Einzelnen eine
schwer abzuschätzende Rolle spielen; diese zeigen sich aber
abhängig von rein persönlichen Momenten seiner eigenen Erfahrung, seiner mehr oder minder hoffnungsvollen Einstellung zum Leben, wie sie ihm durch Temperament, Erfolg oder
Mißerfolg vorgeschrieben worden ist. Endlich kommt die
merkwürdige Tatsache zur Wirkung, daß die Menschen im
allgemeinen ihre Gegenwart wie naiv erleben, ohne deren Inhalte würdigen zu können; sie müssen erst Distanz zu ihr
gewinnen, d. h. die Gegenwart muß zur Vergangenheit geworden sein, wenn man aus ihr Anhaltspunkte zur Beurteilung des Zukünftigen gewinnen soll.
Wer also der Versuchung nachgibt, eine Äußerung über die
wahrscheinliche Zukunft unserer Kultur von sich zu geben,
wird gut daran tun, sich der vorhin angedeuteten Bedenken
zu erinnern, ebenso wie der Unsicherheit, die ganz allgemein
an jeder Vorhersage haftet. Daraus folgt für mich, daß ich in
eiliger Flucht vor der zu großen Aufgabe alsbald das kleine
Teilgebiet aufsuchen werde, dem auch bisher meine Aufmerksamkeit gegolten hat, nachdem ich nur seine Stellung im großen Ganzen bestimmt habe.
Die menschliche Kultur — ich meine all das, worin sich das

menschliche Leben über seine animalischen Bedingungen er-
hoben hat und worin es sich vom Leben der Tiere unterscheidet — und ich verschmähe es, Kultur und Zivilisation zu trennen — zeigt dem Beobachter bekanntlich zwei Seiten. Sie umfaßt einerseits all das Wissen und Können, das die Menschen
erworben haben, um die Kräfte der Natur zu beherrschen und
ihr Güter zur Befriedigung der menschlichen Bedürfnisse ab-
zugewinnen, anderseits alle die Einrichtungen, die notwendig
sind, um die Beziehungen der Menschen zueinander, und besonders die Verteilung der erreichbaren Güter zu regeln. Die
beiden Richtungen der Kultur sind nicht unabhängig voneinander, erstens, weil die gegenseitigen Beziehungen der Menschen durch das Maß der Triebbefriedigung, das die vorhandenen Güter ermöglichen, tiefgreifend beeinflußt werden,
zweitens, weil der einzelne Mensch selbst zu einem anderen
in die Beziehung eines Gutes treten kann, insofern dieser seine
Arbeitskraft benützt oder ihn zum Sexualobjekt nimmt, drittens aber, weil jeder Einzelne virtuell ein Feind der Kultur ist,
die doch ein allgemeinmenschliches Interesse sein soll. Es ist
merkwürdig, daß die Menschen, so wenig sie auch in der Vereinzelung existieren können, doch die Opfer, welche ihnen von
der Kultur zugemutet werden, um ein Zusammenleben zu ermöglichen, als schwer drückend empfinden. Die Kultur muß
also gegen den Einzelnen verteidigt werden und ihre Einrichtungen, Institutionen und Gebote stellen sich in den Dienst
dieser Aufgabe; sie bezwecken nicht nur, eine gewisse Güter-
verteilung herzustellen, sondern auch diese aufrechtzuhalten,
ja sie müssen gegen die feindseligen Regungen der Menschen
all das beschützen, was der Bezwingung der Natur und der
Erzeugung von Gütern dient. Menschliche Schöpfungen sind
leicht zu zerstören und Wissenschaft und Technik, die sie aufgebaut haben, können auch zu ihrer Vernichtung verwendet
werden.

So bekommt man den Eindruck, daß die Kultur etwas ist, was
einer widerstrebenden Mehrheit von einer Minderzahl auferlegt wurde, die es verstanden hat, sich in den Besitz von
Macht- und Zwangsmitteln zu setzen. Es liegt natürlich nahe
anzunehmen, daß diese Schwierigkeiten nicht am Wesen der
Kultur selbst haften, sondern von den Unvollkommenheiten
der Kulturformen bedingt werden, die bis jetzt entwickelt

worden sind. In der Tat ist es nicht schwer, diese Mängel aufzuzeigen. Während die Menschheit in der Beherrschung der Natur ständige Fortschritte gemacht hat und noch größere erwarten darf, ist ein ähnlicher Fortschritt in der Regelung der menschlichen Angelegenheiten nicht sicher festzustellen und wahrscheinlich zu jeder Zeit, wie auch jetzt wieder, haben sich viele Menschen gefragt, ob denn dieses Stück des Kulturerwerbs überhaupt der Verteidigung wert ist. Man sollte meinen, es müßte eine Neuregelung der menschlichen Beziehungen möglich sein, welche die Quellen der Unzufriedenheit mit der Kultur versagen macht, indem sie auf den Zwang und die Triebunterdrückung verzichtet, so daß die Menschen sich ungestört durch inneren Zwist der Erwerbung von Gütern und dem Genuß derselben hingeben könnten. Das wäre das goldene Zeitalter, allein es fragt sich, ob ein solcher Zustand zu verwirklichen ist. Es scheint vielmehr, daß sich jede Kultur auf Zwang und Triebverzicht aufbauen muß; es scheint nicht einmal gesichert, daß beim Aufhören des Zwanges die Mehrzahl der menschlichen Individuen bereit sein wird, die Arbeitsleistung auf sich zu nehmen, deren es zur Gewinnung neuer Lebensgüter bedarf. Man hat, meine ich, mit der Tatsache zu rechnen, daß bei allen Menschen destruktive, also antisoziale und antikulturelle Tendenzen vorhanden sind und daß diese bei einer großen Anzahl von Personen stark genug sind, um ihr Verhalten in der menschlichen Gesellschaft zu bestimmen.

Dieser psychologischen Tatsache kommt eine entscheidende Bedeutung für die Beurteilung der menschlichen Kultur zu. Konnte man zunächst meinen, das Wesentliche an dieser sei die Beherrschung der Natur zur Gewinnung von Lebensgütern und die ihr drohenden Gefahren ließen sich durch eine zweckmäßige Verteilung derselben unter den Menschen beseitigen, so scheint jetzt das Schwergewicht vom Materiellen weg aufs Seelische verlegt. Es wird entscheidend, ob und inwieweit es gelingt, die Last der den Menschen auferlegten Triebopfer zu verringern, sie mit den notwendig verbleibenden zu versöhnen und dafür zu entschädigen. Ebensowenig wie den Zwang zur Kulturarbeit, kann man die Beherrschung der Masse durch eine Minderzahl entbehren, denn die Massen sind träge und einsichtslos, sie lieben den Triebverzicht nicht, sind durch Ar gumente nicht von dessen Unvermeidlichkeit zu überzeugen und ihre Individuen bestärken einander im Gewährenlassen ihrer Zügellosigkeit. Nur durch den Einfluß vorbildlicher Individuen, die sie als ihre Führer anerkennen, sind sie zu den Arbeitsleistungen und Entsagungen zu bewegen, auf welche der Bestand der Kultur angewiesen ist. Es ist alles gut, wenn diese Führer Personen von überlegener Einsicht in die Notwendigkeiten des Lebens sind, die sich zur Beherrschung ihrer eigenen Triebwünsche aufgeschwungen haben. Aber es besteht für sie die Gefahr, daß sie, um ihren Einfluß nicht zu verlieren, der Masse mehr nachgeben als diese ihnen, und darum erscheint es notwendig, daß sie durch Verfügung über Machtmittel von der Masse unabhängig seien. Um es kurz zu fassen, es sind zwei weitverbreitete Eigenschaften der Menschen, die es verschulden, daß die kulturellen Einrichtungen nur durch ein gewisses Maß von Zwang gehalten werden können, nämlich, daß sie spontan nicht arbeitslustig sind und daß Argumente nichts gegen ihre Leidenschaften vermögen.

Ich weiß, was man gegen diese Ausführungen einwenden wird. Man wird sagen, der hier geschilderte Charakter der Menschenmassen, der die Unerläßlichkeit des Zwanges zur Kulturarbeit beweisen soll, ist selbst nur die Folge fehlerhafter kultureller Einrichtungen, durch die die Menschen erbittert, rachsüchtig, unzugänglich geworden sind. Neue Generationen, liebevoll und zur Hochschätzung des Denkens erzogen, die frühzeitig die Wohltaten der Kultur erfahren haben, werden auch ein anderes Verhältnis zu ihr haben, sie als ihr eigenstes Besitztum empfinden, bereit sein, die Opfer an Arbeit und Triebbefriedigung für sie zu bringen, deren es zu ihrer Erhaltung bedarf. Sie werden den Zwang entbehren können und sich wenig von ihren Führern unterscheiden. Wenn es menschliche Massen von solcher Qualität bisher in keiner Kultur gegeben hat, so kommt es daher, daß keine Kultur noch die Einrichtungen getroffen hatte, um die Menschen in solcher Weise, und zwar von Kindheit an, zu beeinflussen.

Man kann daran zweifeln, ob es überhaupt oder jetzt schon, beim gegenwärtigen Stand unserer Naturbeherrschung möglich ist, solche kulturelle Einrichtungen herzustellen, man kann die Frage aufwerfen, woher die Anzahl überlegener, unbeirrbarer und uneigennütziger Führer kommen soll, die als Erzieher der künftigen Generationen wirken müssen, man kann vor dem ungeheuerlichen Aufwand an Zwang erschrekken, der bis zur Durchführung dieser Absichten unvermeidlich sein wird. Die Großartigkeit dieses Planes, seine Bedeutsamkeit für die Zukunft der menschlichen Kultur wird man nicht bestreiten können. Er ruht sicher auf der psychologischen Einsicht, daß der Mensch mit den mannigfaltigsten Triebanlagen ausgestattet ist, denen die frühen Kindheitserlebnisse die endgültige Richtung anweisen. Die Schranken der Erziehbarkeit des Menschen setzen darum auch der Wirksamkeit einer solchen Kulturveränderung ihre Grenze. Man mag es bezweifeln, ob und in welchem Ausmaß ein anderes Kulturmilieu die beiden Eigenschaften menschlicher Massen, die die Führung der menschlichen Angelegenheiten so sehr erschweren, auslöschen kann. Das Experiment ist noch nicht gemacht worden. Wahrscheinlich wird ein gewisser Prozentsatz der Menschheit — infolge krankhafter Anlage oder übergroßer Triebstärke — immer asozial bleiben, aber wenn man es nur zustande bringt, die kulturfeindliche Mehrheit von heute zu einer Minderheit herabzudrücken, hat man sehr viel erreicht, vielleicht alles, was sich erreichen läßt.

Ich möchte nicht den Eindruck erwecken, daß ich mich weit weg von dem vorgezeichneten Weg meiner Untersuchung verirrt habe. Ich will darum ausdrücklich versichern, daß es mir ferne liegt, das große Kulturexperiment zu beurteilen, das gegenwärtig in dem weiten Land zwischen Europa und Asien angestellt wird. Ich habe weder die Sachkenntnis noch die Fähigkeit, über dessen Ausführbarkeit zu entscheiden, die Zweckmäßigkeit der angewandten Methoden zu prüfen oder die Weite der unvermeidlichen Kluft zwischen Absicht und Durchführung zu messen. Was dort vorbereitet wird, entzieht sich als unfertig einer Betrachtung, zu der unsere längst konsolidierte Kultur den Stoff bietet.

II

Wir sind unversehens aus dem Ökonomischen ins Psychologische hinübergeglitten. Anfangs waren wir versucht, den Kulturbesitz in den vorhandenen Gütern und den Einrichtungen zu ihrer Verteilung zu suchen. Mit der Erkenntnis, daß jede Kultur auf Arbeitszwang und Triebverzicht beruht und darum unvermeidlich eine Opposition bei den von diesen Anforderungen Betroffenen hervorruft, wurde es klar, daß die Güter selbst, die Mittel zu ihrer Gewinnung und Anordnungen zu ihrer Verteilung nicht das Wesentliche oder das Alleinige der Kultur sein können. Denn sie sind durch die Auflehnung und Zerstörungssucht der Kulturteilhaber bedroht. Neben die Güter treten jetzt die Mittel, die dazu dienen können, die Kultur zu verteidigen, die Zwangsmittel und andere, denen es gelingen soll, die Menschen mit ihr auszusöhnen und für ihre Opfer zu entschädigen. Letztere können aber als der seelische Besitz der Kultur beschrieben werden.

Einer gleichförmigen Ausdrucksweise zuliebe wollen wir die Tatsache, daß ein Trieb nicht befriedigt werden kann, Versagung, die Einrichtung, die diese Versagung festlegt, Verbot, und den Zustand, den das Verbot herbeiführt, Entbehrung nennen. Dann ist der nächste Schritt, zwischen Entbehrungen zu unterscheiden, die alle betreffen, und solchen, die nicht alle betreffen, bloß Gruppen, Klassen oder selbst einzelne. Die ersteren sind die ältesten: mit den Verboten, die sie einsetzen, hat die Kultur die Ablösung vom animalischen Urzustand begonnen, vor unbekannt wie vielen Tausenden von Jahren. Zu unserer Überraschung fanden wir, daß sie noch immer wirksam sind, noch immer den Kern der Kulturfeindseligkeit bilden. Die Triebwünsche, die unter ihnen leiden, werden mit jedem Kind von neuem geboren; es gibt eine Klasse von Menschen, die Neurotiker, die bereits auf diese Versagungen mit Asozialität reagieren. Solche Triebwünsche sind die des Inzests, des Kannibalismus und der Mordlust. Es klingt sonderbar, wenn man sie, in deren Verwerfung alle Menschen einig scheinen, mit jenen anderen zusammenstellt, um deren Gewährung oder Versagung in unserer Kultur so lebhaft gekämpft wird, aber psychologisch ist man dazu berechtigt. Auch ist das kulturelle Verhalten gegen diese ältesten Triebwünsche kcineswegs das gleiche, nur der Kannibalismus erscheint allen verpönt und der nicht analytischen Betrachtung völlig überwunden, die Stärke der Inzestwünsche vermögen wir noch hinter dem Verbot zu spüren und der Mord wird von unserer Kultur unter bestimmten Bedingungen noch geübt, ja geboten. Möglicherweise stehen uns Entwicklungen der Kultur bevor, in denen noch andere, heute durchaus mögliche Wunschbefriedigungen ebenso unannehmbar erscheinen werden, wie jetzt die des Kannibalismus.

Schon bei diesen ältesten Triebverzichten kommt ein psychologischer Faktor in Betracht, der auch für alle weiteren bedeutungsvoll bleibt. Es ist nicht richtig, daß die menschliche Seele seit den ältesten Zeiten keine Entwicklung durchgemacht hat und im Gegensatz zu den Fortschritten der Wissenschaft und der Technik heute noch dieselbe ist wie zu Anfang der Geschichte. Einen dieser seelischen Fortschritte können wir hier nachweisen. Es liegt in der Richtung unserer Entwicklung, daß äußerer Zwang allmählich verinnerlicht wird, indem eine besondere seelische Instanz, das Über-Ich des Menschen, ihn unter seine Gebote aufnimmt. Jedes Kind führt uns den Vorgang einer solchen Umwandlung vor, wird erst durch sie moralisch und sozial. Diese Erstarkung des Über-Ichs ist ein höchst wertvoller psychologischer Kulturbesitz. Die Personen, bei denen sie sich vollzogen hat, werden aus Kulturgegnern zu Kulturträgern. Je größer ihre Anzahl in einem Kulturkreis ist, desto gesicherter ist diese Kultur, desto eher kann sie der äußeren Zwangsmittel entbehren. Das Maß dieser Verinnerlichung ist nun für die einzelnen Triebverbote sehr verschieden. Für die erwähnten ältesten Kulturforderungen schient die Verinnerlichung, wenn wir die unerwünschte Ausnahme der Neurotiker beiseite lassen, weitgehend erreicht. Dies Verhältnis ändert sich, wenn man sich zu den anderen Triebanforderungen wendet. Man merkt dann mit Überraschung und Besorgnis, daß eine Überzahl von Menschen den diesbezüglichen Kulturverboten nur unter dem Druck des äußeren Zwanges gehorcht, also nur dort, wo er sich geltend machen kann und solange er zu befürchten ist. Dies trifft auch auf jene sogenannt moralischen Kulturforderungen zu, die in gleicher Weise für alle bestimmt sind. Das meiste, was man von der moralischen Unzuverlässigkeit der Menschen erfährt, gehört hieher. Unendlich viele Kulturmenschen, die vor Mord oder Inzest zurückschrecken würden, versagen sich nicht die Befriedigung ihrer Habgier, ihrer Aggressionslust, ihrer sexuellen Gelüste, unterlassen es nicht, den Anderen durch Lüge, Betrug, Verleumdung zu schädigen, wenn sie dabei straflos bleiben können, und das war wohl seit vielen kulturellen Zeitaltern immer ebenso.

Bei den Einschränkungen, die sich nur auf bestimmte Klassen der Gesellschaft beziehen, trifft man auf grobe und auch niemals verkannte Verhältnisse. Es steht zu erwarten, daß diese zurückgesetzten Klassen den Bevorzugten ihre Vorrechte beneiden und alles tun werden, um ihr eigenes Mehr von Entbehrung los zu werden. Wo dies nicht möglich ist, wird sich ein dauerndes Maß von Unzufriedenheit innerhalb dieser Kultur behaupten, das zu gefährlichen Auflehnungen führen mag. Wenn aber eine Kultur es nicht darüber hinaus gebracht hat, daß die Befriedigung einer Anzahl von Teilnehmern die Unterdrückung einer anderen, vielleicht der Mehrzahl, zur Voraussetzung hat, und dies ist bei allen gegenwärtigen Kulturen der Fall, so ist es begreiflich, daß diese Unterdrückten eine intensive Feindseligkeit gegen die Kultur entwickeln, die sie durch ihre Arbeit ermöglichen, an deren Gütern sie aber einen zu geringen Anteil haben. Eine Verinnerlichung der Kulturverbote darf man dann bei den Unterdrückten nicht erwarten, dieselben sind vielmehr nicht bereit, diese Verbote anzuerkennen, bestrebt, die Kultur selbst zu zerstören, eventuell selbst ihre Voraussetzungen aufzuheben. Die Kulturfeindschaft dieser Klassen ist so offenkundig, daß man über sie die eher latente Feindseligkeit der besser beteilten Gesellschaftsschichten übersehen hat. Es braucht nicht gesagt zu werden, daß eine Kultur, welche eine so große Zahl von Teilnehmern unbefriedigt läßt und zur Auflehnung treibt, weder Aussicht hat, sich dauernd zu erhalten, noch es verdient.

Das Maß von Verinnerlichung der Kulturvorschriften — populär und unpsychologisch ausgedrückt: das moralische Niveau der Teilnehmer — ist nicht das einzige seelische Gut, das für die Würdigung einer Kultur in Betracht kommt. Daneben steht ihr Besitz an Idealen und an Kunstschöpfungen, d. h. die Befriedigungen, die aus beiden gewonnen werden.

Man wird nur allzuleicht geneigt sein, die Ideale einer Kultur,

d. h. die Wertungen, welches die höchststehenden und am meisten anzustrebenden Leistungen seien, unter deren psychische Besitztümer aufzunehmen. Zunächst scheint es, als ob diese Ideale die Leistungen des Kulturkreises bestimmen würden; der wirkliche Hergang dürfte aber der sein, daß sich die Ideale nach den ersten Leistungen bilden, welche das Zusammenwirken von innerer Begabung und äußeren Verhältnissen einer Kultur ermöglicht und daß diese ersten Leistungen nun vom Ideal zur Fortführung festgehalten werden. Die Befriedigung, die das Ideal den Kulturteilnehmern schenkt, ist also narzißtischer Natur, sie ruht auf dem Stolz auf die bereits geglückte Leistung. Zu ihrer Vervollständigung bedarf sie des Vergleichs mit anderen Kulturen, die sich auf andere Leistungen geworfen und andere Ideale entwickelt haben. Kraft dieser Differenzen spricht sich jede Kultur das Recht zu, die andere gering zu schätzen. Auf solche Weise werden die Kulturideale Anlaß zur Entzweiung und Verfeindung zwischen verschiedenen Kulturkreisen, wie es unter Nationen am deutlichsten wird.

Die narzißtische Befriedigung aus dem Kulturideal gehört auch zu jenen Mächten, die der Kulturfeindschaft innerhalb des Kulturkreises erfolgreich entgegenwirken. Nicht nur die bevorzugten Klassen, welche die Wohltaten dieser Kultur genießen, sondern auch die Unterdrückten können an ihr Anteil haben, indem die Berechtigung, die Außenstehenden zu verachten, sie für die Beeinträchtigung in ihrem eigenen Kreis entschädigt. Man ist zwar ein elender, von Schulden und Kriegsdiensten geplagter Plebejer, aber dafür ist man Römer, hat seinen Anteil an der Aufgabe, andere Nationen zu beherrschen und ihnen Gesetze vorzuschreiben. Diese Identifizierung der Unterdrückten mit der sie beherrschenden und ausbeutenden Klasse ist aber nur ein Stück eines größeren Zusammenhanges. Anderseits können jene affektiv an diese gebunden sein, trotz der Feindseligkeit ihre Ideale in ihren Herren erblicken. Wenn nicht solche im Grunde befriedigende Beziehungen bestünden, bliebe es unverständlich, daß so manche Kulturen sich trotz berechtigter Feindseligkeit großer Menschenmassen so lange Zeit erhalten haben.

Von anderer Art ist die Befriedigung, welche die Kunst den Teilhabern an einem Kulturkreis gewährt, obwohl diese in der Regel den Massen, die durch erschöpfende Arbeit in Anspruch genommen sind und keine persönliche Erziehung genossen haben, unzugänglich bleibt. Die Kunst bietet, wie wir längst gelernt haben, Ersatzbefriedigungen für die ältesten, immer noch am tiefsten empfundenen Kulturverzichte und wirkt darum wie nichts anderes aussöhnend mit den für sie gebrachten Opfern. Anderseits heben ihre Schöpfungen die Identifizierungsgefühle, deren jeder Kulturkreis so sehr bedarf, durch den Anlaß zu gemeinsam erlebten, hocheingeschätzten Empfindungen; sie dienen aber auch der narzißtischen Befriedigung, wenn sie die Leistungen der besonderen Kultur darstellen, in eindrucksvoller Art an ihre Ideale mahnen.

Das vielleicht bedeutsamste Stück des psychischen Inventars einer Kultur hat noch keine Erwähnung gefunden. Es sind ihre im weitesten Sinn religiösen Vorstellungen, mit anderen später zu rechtfertigenden Worten, ihre Illusionen.

III

Worin liegt der besondere Wert der religiösen Vorstellungen? Wir haben von Kulturfeindseligkeit gesprochen, erzeugt durch den Druck, den die Kultur ausübt, die Triebverzichte, die sie verlangt. Denkt man sich ihre Verbote aufgehoben, man darf also jetzt zum Sexualobjekt jedes Weib wählen, das einem gefällt, darf seinen Rivalen beim Weib, oder wer einem sonst im Weg steht, ohne Bedenken erschlagen, kann dem anderen auch irgendeines seiner Güter wegnehmen, ohne ihn um Erlaubnis zu fragen, wie schön, welch eine Kette von Befriedigungen wäre dann das Leben! Zwar findet man bald die nächste Schwierigkeit. Jeder andere hat genau dieselben Wünsche wie ich und wird mich nicht schonender behandeln als ich ihn. Im Grunde kann also nur ein Einziger durch solche Aufhebung der Kultureinschränkungen uneingeschränkt glücklich werden, ein Tyrann, ein Diktator, der alle Machtmittel an sich gerissen hat, und auch der hat allen Grund zu wünschen, daß die Anderen wenigstens dies eine Kulturgebot einhalten: du sollst nicht töten.

Aber wie undankbar, wie kurzsichtig überhaupt, eine Aufhebung der Kultur anzustreben! Was dann übrig bleibt, ist der Naturzustand und der ist weit schwerer zu ertragen. Es ist wahr, die Natur verlangte von uns keine Triebeinschränkungen, sie ließe uns gewähren, aber sie hat ihre besonders wirksame Art uns zu beschränken, sie bringt uns um, kalt, grausam, rücksichtslos wie uns scheint, möglicherweise gerade bei den Anlässen unserer Befriedigung. Eben wegen dieser Gefahren, mit denen die Natur uns droht, haben wir uns ja zusammengetan und die Kultur geschaffen, die unter anderem auch unser Zusammenleben möglich machen soll. Es ist ja die Hauptaufgabe der Kultur, ihr eigentlicher Daseinsgrund, uns gegen die Natur zu verteidigen.

Es ist bekannt, daß sie es in manchen Stücken schon jetzt leidlich gut trifft, sie wird es offenbar später einmal viel besser machen. Aber kein Mensch gibt sich der Täuschung hin zu glauben, daß die Natur jetzt schon bezwungen ist; wenige wagen zu hoffen, daß sie einmal dem Menschen ganz unterworfen sein wird. Da sind die Elemente, die jedem menschlichen Zwang zu spotten scheinen, die Erde, die bebt, zerreißt, alles Menschliche und Menschenwerk begräbt, das Wasser, das im Aufruhr alles überflutet und ersäuft, der Sturm, der es wegbläst, da sind die Krankheiten, die wir erst seit kurzem als die Angriffe anderer Lebewesen erkennen, endlich das schmerzliche Rätsel des Todes, gegen den bisher kein Kräutlein gefunden wurde und wahrscheinlich keines gefunden werden wird. Mit diesen Gewalten steht die Natur wider uns auf, großartig, grausam, unerbittlich, rückt uns wieder unsere Schwäche und Hilflosigkeit vor Augen, der wir uns durch die Kulturarbeit zu entziehen gedachten. Es ist einer der wenigen erfreulichen und erhebenden Eindrücke, die man von der Menschheit haben kann, wenn sie angesichts einer Elementarkatastrophe ihrer Kulturzerfahrenheit, aller inneren Schwierigkeiten und Feindseligkeiten vergißt und sich der großen gemeinsamen Aufgabe, ihrer Erhaltung gegen die Übermacht der Natur, erinnert.

Wie für die Menschheit im ganzen, so ist für den Einzelnen das Leben schwer zu ertragen. Ein Stück Entbehrung legt ihm die Kultur auf, an der er Teil hat, ein Maß Leiden bereiten ihm die anderen Menschen, entweder trotz der Kulturvorschriften oder infolge der Unvollkommenheit dieser Kultur. Dazu kommt, was ihm die unbezwungene Natur — er nennt es Schicksal — an Schädigung zufügt. Ein ständiger ängstlicher Erwartungszustand und eine schwere Kränkung des natürlichen Narzißmus sollte die Folge dieses Zustandes sein. Wie der Einzelne gegen die Schädigungen durch die Kultur und die Anderen reagiert, wissen wir bereits, er entwickelt ein entsprechendes Maß von Widerstand gegen die Einrichtungen dieser Kultur, von Kulturfeindschaft. Aber wie setzt er sich gegen die Übermächte der Natur, des Schicksals, zur Wehr, die ihm wie allen anderen drohen?

Die Kultur nimmt ihm diese Leistung ab, sie besorgt sie für alle in gleicher Weise, es ist auch bemerkenswert, daß so ziemlich alle Kulturen hierin das gleiche tun. Sie macht nicht etwa halt in der Erledigung ihrer Aufgabe, den Menschen gegen die Natur zu verteidigen, sie setzt sie nur mit anderen Mitteln fort. Die Aufgabe ist hier eine mehrfache, das schwer bedrohte Selbstgefühl des Menschen verlangt nach Trost, der Welt und dem Leben sollen ihre Schrecken genommen werden, nebenbei will auch die Wißbegierde der Menschen, die freilich von dem stärksten praktischen Interesse angetrieben wird, eine Antwort haben.

Mit dem ersten Schritt ist bereits sehr viel gewonnen. Und dieser ist, die Natur zu vermenschlichen. An die unpersönlichen Kräfte und Schicksale kann man nicht heran, sie bleiben ewig fremd. Aber wenn in den Elementen Leidenschaften toben wie in der eigenen Seele, wenn selbst der Tod nichts Spontanes ist, sondern die Gewalttat eines bösen Willens, wenn man überall in der Natur Wesen um sich hat, wie man sie aus der eigenen Gesellschaft kennt, dann atmet man auf, fühlt sich heimisch im Unheimlichen, kann seine sinnlose Angst psychisch bearbeiten. Man ist vielleicht noch wehrlos, aber nicht mehr hilflos gelähmt, man kann zum mindesten reagieren, ja vielleicht ist man nicht einmal wehrlos, man kann gegen diese gewalttätigen Übermenschen draußen dieselben Mittel in Anwendung bringen, deren man sich in seiner Gesellschaft bedient, kann versuchen, sie zu beschwören, beschwichtigen, bestechen, raubt ihnen durch solche Beeinflussung einen Teil ihrer Macht. Solch ein Ersatz einer Naturwissenschaft durch Psychologie schafft nicht bloß sofortige Erleichterung, er zeigt auch den Weg zu einer weiteren Bewältigung der Situation.

Denn diese Situation ist nichts Neues, sie hat ein infantiles Vorbild, ist eigentlich nur die Fortsetzung des früheren, denn in solcher Hilflosigkeit hatte man sich schon einmal befunden, als kleines Kind einem Elternpaar gegenüber, das man Grund hatte zu fürchten, zumal den Vater, dessen Schutzes man aber auch sicher war gegen die Gefahren, die man damals kannte. So lag es nahe, die beiden Situationen einander anzugleichen. Auch kam wie im Traumleben der Wunsch dabei auf seine Rechnung. Eine Todesahnung befällt den Schlafenden, will ihn in das Grab versetzen, aber die Traumarbeit weiß die Bedingung auszuwählen, unter der auch dies gefürchtete Ereignis zur Wunscherfüllung wird; der Träumer sieht sich in einem alten Etruskergrab, in das er selig über die Befriedigung seiner archäologischen Interessen hinabgestiegen war. Ähnlich macht der Mensch die Naturkräfte nicht einfach zu Menschen, mit denen er wie mit seinesgleichen verkehren kann, das würde auch dem überwältigenden Eindruck nicht gerecht werden, den er von ihnen hat, sondern er gibt ihnen Vatercharakter, macht sie zu Göttern, folgt dabei nicht nur einem infantilen, sondern auch, wie ich versucht habe zu zeigen, einem phylogenetischen Vorbild.

Mit der Zeit werden die ersten Beobachtungen von Regel- und Gesetzmäßigkeit an den Naturerscheinungen gemacht, die Naturkräfte verlieren damit ihre menschlichen Züge. Aber die Hilflosigkeit der Menschen bleibt und damit ihre Vatersehnsucht und die Götter. Die Götter behalten ihre dreifache Aufgabe, die Schrecken der Natur zu bannen, mit der Grausamkeit des Schicksals, besonders wie es sich im Tode zeigt, zu versöhnen und für die Leiden und Entbehrungen zu entschädigen, die dem Menschen durch das kulturelle Zusammenleben auferlegt werden.

Aber allmählich verschiebt sich innerhalb dieser Leistungen der Akzent. Man merkt, daß die Naturerscheinungen sich nach inneren Notwendigkeiten von selbst abwickeln; gewiß sind die Götter die Herren der Natur, sie haben sie so eingerichtet und können sie nun sich selbst überlassen. Nur gelegentlich greifen sie in den sogenannten Wundern in ihren Lauf ein, wie um zu versichern, daß sie von ihrer ursprünglichen Machtsphäre nichts aufgegeben haben. Was die Austeilung der Schicksale betrifft, so bleibt eine unbehagliche Ahnung bestehen, daß der Rat- und Hilflosigkeit des Menschengeschlechts nicht abgeholfen werden kann. Hier versagen die Götter am ehesten; wenn sie selbst das Schicksal machen, so muß man ihren Ratschluß unerforschlich heißen; dem begabtesten Volk des Altertums dämmert die Einsicht, daß die *Moira* über den Göttern steht und daß die Götter selbst ihre Schicksale haben. Und je mehr die Natur selbständig wird, die Götter sich von ihr zurückziehen, desto ernsthafter drängen alle Erwartungen auf die dritte Leistung, die ihnen zugewiesen ist, desto mehr wird das Moralische ihre eigentliche Domäne. Göttliche Aufgabe wird es nun, die Mängel und Schäden der Kultur auszugleichen, die Leiden in acht zu nehmen, die die Menschen im Zusammenleben einander zufügen, über die Ausführung der Kulturvorschriften zu wachen, die die Menschen so schlecht befolgen. Den Kulturvorschriften selbst wird göttlicher Ursprung zugesprochen, sie werden über die menschliche Gesellschaft hinausgehoben, auf Natur und Weltgeschehen ausgedehnt.

So wird ein Schatz von Vorstellungen geschaffen, geboren aus dem Bedürfnis, die menschliche Hilflosigkeit erträglich zu machen, erbaut aus dem Material der Erinnerungen an die Hilflosigkeit der eigenen und der Kindheit des Menschengeschlechts. Es ist deutlich erkennbar, daß dieser Besitz den Menschen nach zwei Richtungen beschützt, gegen die Gefahren der Natur und des Schicksals und gegen die Schädigungen aus der menschlichen Gesellschaft selbst. Im Zusammenhang lautet es: das Leben in dieser Welt dient einem höheren Zweck, der zwar nicht leicht zu erraten ist, aber gewiß eine Vervollkommnung des menschlichen Wesens bedeutet. Wahrscheinlich soll das Geistige des Menschen, die Seele, die sich im Lauf der Zeiten so langsam und widerstrebend vom Körper getrennt hat, das Objekt dieser Erhebung und Erhöhung sein. Alles, was in dieser Welt vor sich geht, ist Ausführung der Absichten einer uns überlegenen Intelligenz, die, wenn auch auf schwer zu verfolgenden Wegen und Umwegen, schließlich alles zum Guten, d. h. für uns Erfreulichen, lenkt. Über jedem von uns wacht eine gütige, nur scheinbar gestrenge Vorsehung, die nicht zuläßt, daß wir zum Spielball der überstarken und schonungslosen Naturkräfte werden; der Tod selbst ist keine Vernichtung, keine Rückkehr zum anorganisch Leblosen, sondern der Anfang einer neuen Art von Existenz, die auf dem Wege der Höherentwicklung liegt. Und nach der anderen Seite gewendet, dieselben Sittengesetze, die unsere Kulturen aufgestellt haben, beherrschen auch alles Weltgeschehen, nur werden sie von einer höchsten richterlichen Instanz mit ungleich mehr Macht und Konsequenz behütet. Alles Gute findet endlich seinen Lohn, alles Böse seine Strafe, wenn nicht schon in dieser Form des Lebens, so in den späteren Existenzen, die nach dem Tod beginnen. Somit sind alle Schrecken, Leiden und Härten des Lebens zur Austilgung bestimmt; das Leben nach dem Tode, das unser irdisches Leben fortsetzt, wie das unsichtbare Stück des Spektrums dem sichtbaren angefügt ist, bringt all die Vollendung, die wir hier vielleicht vermißt haben. Und die überlegene Weisheit, die diesen Ablauf lenkt, die Allgüte, die sich in ihm äußert, die Gerechtigkeit, die sich in ihm durchsetzt, das sind die Eigenschaften der göttlichen Wesen, die auch uns und die Welt im ganzen geschaffen haben. Oder vielmehr des einen göttlichen Wesens, zu dem sich in unserer Kultur alle Götter der Vorzeiten verdichtet haben. Das Volk, dem zuerst solche Konzentrierung der göttlichen Eigenschaften gelang, war nicht wenig stolz auf diesen Fortschritt. Es hatte den väterlichen Kern, der von jeher hinter jeder Gottesgestalt verborgen war, freigelegt; im Grunde war es eine Rückkehr zu den historischen Anfängen der Gottesidee. Nun, da Gott ein Einziger war, konnten die Beziehungen zu ihm die Innigkeit und Intensität des kindlichen Verhältnisses zum Vater wiedergewinnen. Wenn man soviel für den Vater getan hatte, wollte man aber auch belohnt werden, zum mindesten das einziggeliebte Kind sein, das auserwählte Volk. Sehr viel später erhebt das fromme Amerika den Anspruch, »*God's own country*« zu sein, und für eine der Formen, unter denen die Menschheit die Gottheit verehren, trifft es auch zu.

Die religiösen Vorstellungen, die vorhin zusammengefaßt wurden, haben natürlich eine lange Entwicklung durchgemacht, sind von verschiedenen Kulturen in verschiedenen Phasen festgehalten worden. Ich habe eine einzelne solche Entwicklungsphase herausgegriffen, die etwa der Endgestaltung in unserer heutigen weißen, christlichen Kultur entspricht. Es ist leicht zu bemerken, daß nicht alle Stücke dieses Ganzen gleich gut zueinander stimmen, daß nicht alle dringenden Fragen beantwortet werden, daß der Widerspruch der täglichen Erfahrung nur mit Mühe abgewiesen werden kann. Aber so wie sie sind, werden diese Vorstellungen — die im weitesten Sinn religiösen — als der kostbarste Besitz der Kultur eingeschätzt, als das Wertvollste, was sie ihren Teilnehmern zu bieten hat, weit höher geschätzt als alle Künste, der Erde ihre Schätze zu entlocken, die Menschheit mit Nahrung zu versorgen oder ihren Krankheiten vorzubeugen usw. Die Menschen meinen, das Leben nicht ertragen zu können, wenn sie diesen Vorstellungen nicht den Wert beilegen, der für sie beansprucht wird. Und nun ist die Frage, was sind diese Vorstellungen im Lichte der Psychologie, woher beziehen sie ihre Hochschätzung und um schüchtern fortzusetzen: was ist ihr wirklicher Wert?

IV

Eine Untersuchung, die ungestört fortschreitet wie ein Monolog, ist nicht ganz ungefährlich. Man gibt zu leicht der Versuchung nach, Gedanken zur Seite zu schieben, die sie unterbrechen wollen, und tauscht dafür ein Gefühl von Unsicherheit ein, das man am Ende durch allzu große Entschiedenheit übertönen will. Ich stelle mir also einen Gegner vor, der meine Ausführungen mit Mißtrauen verfolgt, und lasse ihn von Stelle zu Stelle zu Worte kommen.

Ich höre ihn sagen: »Sie haben wiederholt die Ausdrücke gebraucht: die Kultur schafft diese religiösen Vorstellungen, die Kultur stellt sie ihren Teilnehmern zur Verfügung, daran klingt etwas befremdend; ich könnte selbst nicht sagen warum, es hört sich nicht so selbstverständlich an, wie daß die Kultur Anordnungen geschaffen hat über die Verteilung des Arbeitsertrags oder über die Rechte an Weib und Kind.«

Ich meine aber doch, daß man berechtigt ist, sich so auszudrücken. Ich habe versucht zu zeigen, daß die religiösen Vorstellungen aus demselben Bedürfnis hervorgegangen sind wie alle anderen Errungenschaften der Kultur, aus der Notwendigkeit, sich gegen die erdrückende Übermacht der Natur zu verteidigen. Dazu kam ein zweites Motiv, der Drang, die peinlich verspürten Unvollkommenheiten der Kultur zu korrigieren. Es ist auch besonders zutreffend zu sagen, daß die Kultur dem Einzelnen diese Vorstellungen schenkt, denn er findet sie vor, sie werden ihm fertig entgegengebracht, er wäre nicht imstande, sie allein zu finden. Es ist die Erbschaft vieler Generationen, in die er eintritt, die er übernimmt wie das Einmaleins, die Geometrie u. a. Es gibt hierbei freilich einen Unterschied, aber der liegt anderswo, kann jetzt noch nicht beleuchtet werden. An dem Gefühl von Befremdung, das Sie erwähnen, mag es Anteil haben, daß man uns diesen Besitz von religiösen Vorstellungen als göttliche Offenbarung vorzuführen pflegt. Allein das ist selbst schon ein Stück des religiösen Systems, vernachlässigt ganz die uns bekannte historische Entwicklung dieser Ideen und ihre Verschiedenheiten in verschiedenen Zeiten und Kulturen.

»Ein anderer Punkt, der mir wichtiger erscheint. Sie lassen die Vermenschlichung der Natur aus dem Bedürfnis hervorgehen, der menschlichen Rat- und Hilflosigkeit gegen deren gefürchtete Kräfte ein Ende zu machen, sich in Beziehung zu ihnen zu setzen und sie endlich zu beeinflussen. Aber ein solches Motiv scheint überflüssig zu sein. Der primitive Mensch hat ja keine Wahl, keinen anderen Weg des Denkens. Es ist ihm natürlich, wie eingeboren, daß er sein Wesen in die Welt hinausprojiziert, alle Vorgänge, die er beobachtet, als Äußerungen von Wesen ansieht, die im Grunde ähnlich sind wie er selbst. Es ist das die einzige Methode seines Begreifens. Und es ist keineswegs selbstverständlich, viel mehr ein merkwürdiges Zusammentreffen, wenn es ihm gelingen sollte, durch solches Gewährenlassen seiner natürlichen Anlage eines seiner großen Bedürfnisse zu befriedigen.«

Ich finde das nicht so auffällig. Meinen Sie denn, daß das Denken der Menschen keine praktischen Motive kennt, bloß der Ausdruck einer uneigennützigen Wißbegierde ist? Das ist doch sehr unwahrscheinlich. Eher glaube ich, daß der Mensch, auch wenn er die Naturkräfte personifiziert, einem infantilen Vorbild folgt. Er hat an den Personen seiner ersten Umgebung gelernt, daß, wenn er eine Relation zu ihnen herstellt, dies der Weg ist, um sie zu beeinflussen, und darum behandelt er später in der gleichen Absicht alles andere, was ihm begegnet, wie jene Personen. Ich widerspreche also Ihrer deskriptiven Bemerkung nicht, es ist wirklich dem Menschen natürlich, alles zu personifizieren, was er begreifen will, um es später zu beherrschen, — die psychische Bewältigung als Vorbereitung zur physischen, — aber ich gebe Motiv und Genese dieser Eigentümlichkeit des menschlichen Denkens dazu.

»Und jetzt noch ein drittes: Sie haben ja den Ursprung der Religion früher einmal behandelt, in Ihrem Buch ›Totem und Tabu‹. Aber dort sieht es anders aus. Alles ist das Sohn-Vater-Verhältnis, Gott ist der erhöhte Vater, die Vatersehnsucht ist die Wurzel des religiösen Bedürfnisses. Seither, scheint es, haben Sie das Moment der menschlichen Ohnmacht und Hilflosigkeit entdeckt, dem ja allgemein die größte Rolle bei der Religionsbildung zugeschrieben wird, und nun schreiben Sie alles auf Hilflosigkeit um, was früher Vaterkomplex war. Darf ich Sie um Auskunft über diese Wandlung bitten?«

Gern, ich wartete nur auf diese Aufforderung. Wenn es wirklich eine Wandlung ist. In »Totem und Tabu« sollte nicht die Entstehung der Religionen erklärt werden, sondern nur die des Totemismus. Können Sie von irgendeinem der Ihnen bekannten Standpunkte verständlich machen, daß die erste Form, in der sich die schützende Gottheit dem Menschen offenbarte, die tierische war, daß ein Verbot bestand, dieses Tier zu töten und zu verzehren, und doch die feierliche Sitte, es einmal im Jahr gemeinsam zu töten und zu verzehren? Gerade das hat im Totemismus statt. Und es ist kaum zweckmäßig, darüber zu streiten, ob man den Totemismus eine Religion heißen soll. Er hat innige Beziehungen zu den späteren Gottesreligionen, die Totemtiere werden zu den heiligen Tieren der Götter. Und die ersten, aber tiefgehendsten, sittlichen Beschränkungen — das Mord- und das Inzestverbot — entstehen auf dem Boden des Totemismus. Ob Sie nun die Folgerungen von »Totem und Tabu« annehmen oder nicht, ich hoffe, Sie werden zugeben, daß in dem Buch eine Anzahl von sehr merkwürdigen versprengten Tatsachen zu einem konsistenten Ganzen zusammengefaßt ist.

Warum der tierische Gott auf die Dauer nicht genügte und durch den menschlichen abgelöst wurde, das ist in »Totem und Tabu« kaum gestreift worden, andere Probleme der Religionsbildung finden dort überhaupt keine Erwähnung. Halten Sie solche Beschränkung für identisch mit einer Verleugnung? Meine Arbeit ist ein gutes Beispiel von strenger Isolierung des Anteils, den die psychoanalytische Betrachtung zur Lösung des religiösen Problems leisten kann. Wenn ich jetzt versuche, das andere, weniger tief Versteckte hinzuzufügen, so sollen Sie mich nicht des Widerspruchs beschuldigen wie früher der Einseitigkeit. Es ist natürlich meine Aufgabe, die Verbindungswege zwischen dem früher Gesagten und dem jetzt Vorgebrachten, der tieferen und der manifesten Motivierung, dem Vaterkomplex und der Hilflosigkeit und Schutzbedürftigkeit des Menschen aufzuzeigen.

Diese Verbindungen sind nicht schwer zu finden. Es sind die Beziehungen der Hilflosigkeit des Kindes zu der sie fortsetzenden des Erwachsenen, so daß, wie zu erwarten stand, die psychoanalytische Motivierung der Religionsbildung der infantile Beitrag zu ihrer manifesten Motivierung wird. Versetzen wir uns in das Seelenleben des kleinen Kindes. Sie erinnern sich an die Objektwahl nach dem Anlehnungstypus, von dem die Analyse spricht? Die Libido folgt den Wegen der narzißtischen Bedürfnisse und heftet sich an die Objekte, welche deren Befriedigung versichern. So wird die Mutter, die den Hunger befriedigt, zum ersten Liebesobjekt und gewiß auch zum ersten Schutz gegen alle die unbestimmten, in der Außenwelt drohenden Gefahren, zum ersten Angstschutz, dürfen wir sagen.

In dieser Funktion wird die Mutter bald von dem stärkeren Vater abgelöst, dem sie nun über die ganze Kindheit verbleibt. Das Verhältnis zum Vater ist aber mit einer eigentümlichen Ambivalenz behaftet. Er war selbst eine Gefahr, vielleicht von dem früheren Verhältnis zur Mutter her. So fürchtet man ihn nicht minder, als man sich nach ihm sehnt und ihn bewundert. Die Anzeichen dieser Ambivalenz des Vaterverhältnisses sind allen Religionen tief eingeprägt, wie auch in »Totem und Tabu« ausgeführt wird. Wenn nun der Heranwachsende merkt, daß es ihm bestimmt ist, immer ein Kind zu bleiben, daß er des Schutzes gegen fremde Übermächte nie entbehren kann, verleiht er diesen die Züge der Vatergestalt, er schafft sich die Götter, vor denen er sich fürchtet, die er zu gewinnen sucht und denen er doch seinen Schutz überträgt. So ist das Motiv der Vatersehnsucht identisch mit dem Bedürfnis nach Schutz gegen die Folgen der menschlichen Ohnmacht; die Abwehr der kindlichen Hilflosigkeit verleiht der Reaktion auf die Hilflosigkeit, die der Erwachsene anerkennen muß, eben der Religionsbildung, ihre charakteristischen Züge. Aber es ist nicht unsere Absicht, die Entwicklung der Gottesidee weiter zu erforschen; wir haben es hier mit dem fertigen Schatz von religiösen Vorstellungen zu tun, wie ihn die Kultur dem Einzelnen übermittelt.

V

Um den Faden der Untersuchung wieder aufzunehmen: Welches ist also die psychologische Bedeutung der religiösen Vorstellungen, als was können wir sie klassifizieren? Die Frage ist zunächst gar nicht leicht zu beantworten. Nach Abweisung verschiedener Formulierungen wird man bei der einen stehen bleiben: Es sind Lehrsätze, Aussagen über Tatsachen und Verhältnisse der äußeren (oder inneren) Realität, die etwas mitteilen, was man selbst nicht gefunden hat und die beanspruchen, daß man ihnen Glauben schenkt. Da sie Auskunft geben über das für uns Wichtigste und Interessanteste im Leben, werden sie besonders hochgeschätzt. Wer nichts von ihnen weiß, ist sehr unwissend; wer sie in sein Wissen aufgenommen hat, darf sich für sehr bereichert halten.

Es gibt natürlich viele solche Lehrsätze über die verschiedenartigsten Dinge dieser Welt. Jede Schulstunde ist voll von ihnen. Wählen wir die geographische. Wir hören da: Konstanz liegt am Bodensee. Ein Studentenlied setzt hinzu: Wer's nicht glaubt, geh' hin und seh'. Ich war zufällig dort und kann bestätigen, die schöne Stadt liegt am Ufer eines weiten Gewässers, das alle Umwohnenden Bodensee heißen. Ich bin jetzt auch von der Richtigkeit dieser geographischen Behauptung vollkommen überzeugt. Dabei erinnere ich mich an ein anderes, sehr merkwürdiges Erlebnis. Ich war schon ein gereifter Mann, als ich zum erstenmal auf dem Hügel der athenischen Akropolis stand, zwischen den Tempelruinen, mit dem Blick aufs blaue Meer. In meine Beglückung mengte sich ein Gefühl von Erstaunen, das mir die Deutung eingab: Also ist das wirklich so, wie wir's in der Schule gelernt hatten! Was für seichten und kraftlosen Glauben an die reale Wahrheit des Gehörten muß ich damals erworben haben, wenn ich heute so erstaunt sein kann! Aber ich will die Bedeutung dieses Erlebnisses nicht zu sehr betonen; es ist noch eine andere Erklärung meines Erstaunens möglich, die mir damals nicht einfiel, die durchaus subjektiver Natur ist und mit der Besonderheit des Ortes zusammenhängt.

Alle solche Lehrsätze verlangen also Glauben für ihre Inhalte, aber nicht ohne ihren Anspruch zu begründen. Sie geben sich als das abgekürzte Resultat eines längeren, auf Beobachtung, gewiß auch Schlußfolgerung gegründeten Denkprozesses; wer die Absicht hat, diesen Prozeß selbst durchzumachen, anstatt sein Ergebnis anzunehmen, dem zeigen sie den Weg dazu. Es wird immer auch hinzugesetzt, woher man die Kenntnis hat, die der Lehrsatz verkündet, wo er nicht, wie bei geographischen Behauptungen, selbstverständlich ist. Zum Beispiel die Erde hat die Gestalt einer Kugel; als Beweise dafür werden angeführt der Foucaultsche Pendelversuch, das Verhalten des Horizonts, die Möglichkeit, die Erde zu umschiffen. Da es, wie alle Beteiligten einsehen, untunlich ist, alle Schulkinder auf Erdumseglungen zu schicken, bescheidet man sich damit, die Lehren der Schule auf »Treu und Glauben« annehmen zu lassen, aber man weiß, der Weg zur persönlichen Überzeugung bleibt offen.

Versuchen wir die religiösen Lehrsätze mit demselben Maß zu messen. Wenn wir die Frage aufwerfen, worauf sich ihr Anspruch gründet, geglaubt zu werden, erhalten wir drei Antworten, die merkwürdig schlecht zusammenstimmen. Erstens, sie verdienen Glauben, weil schon unsere Urväter sie geglaubt haben, zweitens besitzen wir Beweise, die uns aus eben dieser Vorzeit überliefert sind, und drittens ist es überhaupt verboten, die Frage nach dieser Beglaubigung aufzuwerfen. Dies Unterfangen wurde früher mit den allerhärtesten Strafen belegt und noch heute sieht es die Gesellschaft ungern, daß jemand es erneuert.

Dieser dritte Punkt muß unsere stärksten Bedenken wecken. Ein solches Verbot kann doch nur die eine Motivierung haben, daß die Gesellschaft die Unsicherheit des Anspruchs sehr wohl kennt, den sie für ihre religiösen Lehren erhebt. Wäre es anders, so würde sie gewiß jedem, der sich selbst eine Überzeugung schaffen will, das Material dazu bereitwilligst zur Verfügung stellen. Wir gehen darum mit einem nicht leicht zu beschwichtigenden Mißtrauen an die Prüfung der beiden anderen Beweisgründe. Wir sollen glauben, weil unsere Urväter geglaubt haben. Aber diese unsere Ahnen waren weit unwissender als wir, sie haben an Dinge geglaubt, die wir heute unmöglich annehmen können. Die Möglichkeit regt sich, daß auch die religiösen Lehren von solcher Art sein könnten. Die Beweise, die sie uns hinterlassen haben, sind in Schriften niedergelegt, die selbst alle Charaktere der Unzuverlässigkeit an sich tragen. Sie sind widerspruchsvoll, überarbeitet, verfälscht; wo sie von tatsächlichen Beglaubigungen berichten, selbst unbeglaubigt. Es hilft nicht viel, wenn für ihren Wortlaut oder auch nur für ihren Inhalt die Herkunft von göttlicher Offenbarung behauptet wird, denn diese Behauptung ist bereits selbst ein Stück jener Lehren, die auf ihre Glaubwürdigkeit untersucht werden sollen, und kein Satz kann sich doch selbst beweisen.

So kommen wir zu dem sonderbaren Ergebnis, daß gerade diejenigen Mitteilungen unseres Kulturbesitzes, die die größte Bedeutung für uns haben könnten, denen die Aufgabe zugeteilt ist, uns die Rätsel der Welt aufzuklären und uns mit den Leiden des Lebens zu versöhnen, daß gerade sie die allerschwächste Beglaubigung haben. Wir würden uns nicht entschließen können, eine für uns so gleichgültige Tatsache anzunehmen, wie daß Walfische Junge gebären anstatt Eier abzulegen, wenn sie nicht besser erweisbar wäre.

Dieser Sachverhalt ist an sich ein sehr merkwürdiges psychologisches Problem. Auch möge niemand glauben, daß die vorstehenden Bemerkungen über die Unbeweisbarkeit der religiösen Lehren etwas Neues enthalten. Sie ist zu jeder Zeit verspürt worden, gewiß auch von den Urahnen, die solche Erbschaft hinterlassen haben. Wahrscheinlich haben viele von ihnen dieselben Zweifel genährt wie wir, es lastete aber ein zu starker Druck auf ihnen, als daß sie gewagt hätten, dieselben zu äußern. Und seither haben sich unzählige Menschen mit den nämlichen Zweifeln gequält, die sie unterdrücken wollten, weil sie sich für verpflichtet hielten zu glauben, sind viele glänzende Intellekte an diesem Konflikt gescheitert, haben viele Charaktere an den Kompromissen Schaden gelitten, in denen sie einen Ausweg suchten.

Wenn alle Beweise, die man für die Glaubwürdigkeit der religiösen Lehrsätze vorbringt, aus der Vergangenheit stammen, so liegt es nahe umzuschauen, ob nicht die besser zu beurteilende Gegenwart auch solche Beweise liefern kann. Wenn es gelänge, nur ein einzelnes Stück des religiösen Systems solcher Art dem Zweifel zu entziehen, so würde dadurch das Ganze außerordentlich an Glaubhaftigkeit gewinnen. Hier setzt die Tätigkeit der Spiritisten ein, die von der Fortdauer der individuellen Seele überzeugt sind und uns diesen einen Satz der religiösen Lehre zweifelsfrei demonstrieren wollen. Es gelingt ihnen leider nicht zu widerlegen, daß die Erscheinungen und Äußerungen ihrer Geister nur Produktionen ihrer eigenen Seelentätigkeit sind. Sie haben die Geister der größten Menschen, der hervorragendsten Denker zitiert, aber alle Äußerungen und Auskünfte, die sie von ihnen erhielten, waren so albern, so trostlos nichtssagend, daß man nichts anderes glaubwürdig finden kann als die Fähigkeit der Geister, sich dem Kreis von Menschen anzupassen, der sie heraufbeschwört.

Man muß nun zweier Versuche gedenken, die den Eindruck krampfhafter Bemühung machen, dem Problem zu entgehen. Der eine, gewaltsamer Natur, ist alt, der andere subtil und modern. Der erstere ist das *Credo quia absurdum* des Kirchenvaters. Das will besagen, die religiösen Lehren sind den Ansprüchen der Vernunft entzogen, sie stehen über der Vernunft. Man muß ihre Wahrheit innerlich verspüren, braucht sie nicht zu begreifen. Allein dieses *Credo* ist nur als Selbstbekenntnis interessant, als Machtspruch ist es ohne Verbindlichkeit. Soll ich verpflichtet werden, jede Absurdität zu glauben? Und wenn nicht, warum gerade diese? Es gibt keine Instanz über der Vernunft. Wenn die Wahrheit der religiösen Lehren abhängig ist von einem inneren Erlebnis, das diese Wahrheit bezeugt, was macht man mit den vielen Menschen, die solch ein seltenes Erlebnis nicht haben? Man kann von allen Menschen verlangen, daß sie die Gabe der Vernunft anwenden, die sie besitzen, aber man kann nicht eine für alle giltige Verpflichtung auf ein Motiv aufbauen, das nur bei ganz wenigen existiert. Wenn der Eine aus einem ihn tief ergreifenden ekstatischen Zustand die unerschütterliche Überzeugung von der realen Wahrheit der religiösen Lehren gewonnen hat, was bedeutet das dem Anderen?

Der zweite Versuch ist der der Philosophie des »Als ob«. Er führt aus, daß es in unserer Denktätigkeit reichlich Annahmen gibt, deren Grundlosigkeit, ja deren Absurdität wir voll einsehen. Sie werden Fiktionen geheißen, aber aus mannigfachen praktischen Motiven müßten wir uns so benehmen, »als ob« wir an diese Fiktionen glaubten. Dies treffe für die religiösen Lehren wegen ihrer unvergleichlichen Wichtigkeit für die Aufrechterhaltung der menschlichen Gesellschaft zu.[1]

1 Ich hoffe kein Unrecht zu begehen, wenn ich den Philosophen des »Als ob« eine

Diese Argumentation ist von dem *Credo quia absurdum* nicht weit entfernt. Aber ich meine die Forderung des »Als ob« ist eine solche, wie sie nur ein Philosoph aufstellen kann. Der durch die Künste der Philosophie in seinem Denken nicht beeinflußte Mensch wird sie nie annehmen können, für ihn ist mit dem Zugeständnis der Absurdität, der Vernunftwidrigkeit, alles erledigt. Er kann nicht dazu verhalten werden, gerade in der Behandlung seiner wichtigsten Interessen auf die Sicherheiten zu verzichten, die er sonst für alle seine gewöhnlichen Tätigkeiten verlangt. Ich erinnere mich an eines meiner Kinder, das sich frühzeitig durch eine besondere Betonung der Sachlichkeit auszeichnete. Wenn den Kindern ein Märchen erzählt wurde, dem sie andächtig lauschten, kam er hinzu und fragte: Ist das eine wahre Geschichte? Nachdem man es verneint hatte, zog er mit einer geringschätzigen Miene ab. Es steht zu erwarten, daß sich die Menschen gegen die religiösen Märchen bald ähnlich benehmen werden trotz der Fürsprache des »Als ob«.

Aber sie benehmen sich derzeit noch ganz anders und in vergangenen Zeiten haben die religiösen Vorstellungen trotz ihres unbestreitbaren Mangels an Beglaubigung den allerstärksten Einfluß auf die Menschheit geübt. Das ist ein neues psychologisches Problem. Man muß fragen, worin besteht die innere Kraft dieser Lehren, welchem Umstand verdanken sie ihre von der vernünftigen Anerkennung unabhängige Wirksamkeit?

Ansicht vertreten lasse, die auch anderen Denkern nicht fremd ist. Vgl. H. *Vaihinger*, Die Philosophie des Als ob. Siebente und achte Auflage 1922, S. 68: »Wir ziehen in den Kreis der Fiktion nicht nur gleichgiltige, theoretische Operationen herein, sondern Begriffsgebilde, welche die edelsten Menschen ersonnen haben, an denen das Herz des edleren Teiles der Menschheit hängt und welche diese sich nicht entreißen läßt. Wir wollen das auch gar nicht tun – als *praktische Fiktion* lassen wir das alles bestehen, als *theoretische Wahrheit* aber stirbt es dahin.«

VI

Ich meine, wir haben die Antwort auf beide Fragen genügend vorbereitet. Sie ergibt sich, wenn wir die psychische Genese der religiösen Vorstellungen ins Auge fassen. Diese, die sich als Lehrsätze ausgeben, sind nicht Niederschläge der Erfahrung oder Endresultate des Denkens, es sind Illusionen, Erfüllungen der ältesten, stärksten, dringendsten Wünsche der Menschheit; das Geheimnis ihrer Stärke ist die Stärke dieser Wünsche. Wir wissen schon, der schreckende Eindruck der kindlichen Hilflosigkeit hat das Bedürfnis nach Schutz — Schutz durch Liebe — erweckt, dem der Vater abgeholfen hat, die Erkenntnis von der Fortdauer dieser Hilflosigkeit durchs ganze Leben hat das Festhalten an der Existenz eines — aber nun mächtigeren Vaters — verursacht. Durch das gütige Walten der göttlichen Vorsehung wird die Angst vor den Gefahren des Lebens beschwichtigt, die Einsetzung einer sittlichen Weltordnung versichert die Erfüllung der Gerechtigkeitsforderung, die innerhalb der menschlichen Kultur so oft unerfüllt geblieben ist, die Verlängerung der irdischen Existenz durch ein zukünftiges Leben stellt den örtlichen und zeitlichen Rahmen bei, in dem sich diese Wunscherfüllungen vollziehen sollen. Antworten auf Rätselfragen der menschlichen Wißbegierde, wie nach der Entstehung der Welt und der Beziehung zwischen Körperlichem und Seelischem werden unter den Voraussetzungen dieses Systems entwickelt; es bedeutet eine großartige Erleichterung für die Einzelpsyche, wenn die nie ganz überwundenen Konflikte der Kinderzeit aus dem Vaterkomplex ihr abgenommen und einer von allen angenommenen Lösung zugeführt werden.

Wenn ich sage, das alles sind Illusionen, muß ich die Bedeutung des Wortes abgrenzen. Eine Illusion ist nicht dasselbe wie ein Irrtum, sie ist auch nicht notwendig ein Irrtum. Die Meinung des Aristoteles, daß sich Ungeziefer aus Unrat entwickle, an der das unwissende Volk noch heute festhält, war ein Irrtum, ebenso die einer früheren ärztlichen Generation, daß die *Tabes dorsalis* die Folge von sexueller Ausschweifung sei. Es wäre mißbräuchlich, diese Irrtümer Illusionen zu heißen. Dagegen war es eine Illusion des Kolumbus, daß er einen neuen Seeweg nach Indien entdeckt habe. Der Anteil seines

Wunsches an diesem Irrtum ist sehr deutlich. Als Illusion kann man die Behauptung gewisser Nationalisten bezeichnen, die Indogermanen seien die einzige kulturfähige Menschenrasse, oder den Glauben, den erst die Psychoanalyse zerstört hat, das Kind sei ein Wesen ohne Sexualität. Für die Illusion bleibt charakteristisch die Ableitung aus menschlichen Wünschen, sie nähert sich in dieser Hinsicht der psychiatrischen Wahnidee, aber sie scheidet sich, abgesehen von dem komplizierteren Aufbau der Wahnidee, auch von dieser. An der Wahnidee heben wir als wesentlich den Widerspruch gegen die Wirklichkeit hervor, die Illusion muß nicht notwendig falsch, d. h. unrealisierbar oder im Widerspruch mit der Realität sein. Ein Bürgermädchen kann sich z. B. die Illusion machen, daß ein Prinz kommen wird, um sie heimzuholen. Es ist möglich, einige Fälle dieser Art haben sich ereignet. Daß der Messias kommen und ein goldenes Zeitalter begründen wird, ist weit weniger wahrscheinlich; je nach der persönlichen Einstellung des Urteilenden wird er diesen Glauben als Illusion oder als Analogie einer Wahnidee klassifizieren. Beispiele von Illusionen, die sich bewahrheitet haben, sind sonst nicht leicht aufzufinden. Aber die Illusion der Alchimisten, alle Metalle in Gold verwandeln zu können, könnte eine solche sein. Der Wunsch, sehr viel Gold, soviel Gold als möglich zu haben, ist durch unsere heutige Einsicht in die Bedingungen des Reichtums sehr gedämpft, doch hält die Chemie eine Umwandlung der Metalle in Gold nicht mehr für unmöglich. Wir heißen also einen Glauben eine Illusion, wenn sich in seiner Motivierung die Wunscherfüllung vordrängt, und sehen dabei von seinem Verhältnis zur Wirklichkeit ab, ebenso wie die Illusion selbst auf ihre Beglaubigungen verzichtet.

Wenden wir uns nach dieser Orientierung wieder zu den religiösen Lehren, so dürfen wir wiederholend sagen: Sie sind sämtlich Illusionen, unbeweisbar, niemand darf gezwungen werden, sie für wahr zu halten, an sie zu glauben. Einige von ihnen sind so unwahrscheinlich, so sehr im Widerspruch zu allem, was wir mühselig über die Realität der Welt erfahren haben, daß man sie — mit entsprechender Berücksichtigung der psychologischen Unterschiede — den Wahnideen vergleichen kann. Über den Realitätswert der meisten von ihnen kann man nicht urteilen. So wie sie unbeweisbar sind, sind sie auch unwiderlegbar. Man weiß noch zu wenig, um ihnen kritisch näher zu rücken. Die Rätsel der Welt entschleiern sich unserer Forschung nur langsam, die Wissenschaft kann auf viele Fragen heute noch keine Antwort geben. Die wissenschaftliche Arbeit ist aber für uns der einzige Weg, der zur Kenntnis der Realität außer uns führen kann. Es ist wiederum nur Illusion, wenn man von der Intuition und der Selbstversenkung etwas erwartet; sie kann uns nichts geben als — schwer deutbare — Aufschlüsse über unser eigenes Seelenleben, niemals Auskunft über die Fragen, deren Beantwortung der religiösen Lehre so leicht wird. Die eigene Willkür in die Lücke eintreten zu lassen und nach persönlichem Ermessen dies oder jenes Stück des religiösen Systems für mehr oder weniger annehmbar zu erklären, wäre frevelhaft. Dafür sind diese Fragen zu bedeutungsvoll, man möchte sagen: zu heilig.

An dieser Stelle kann man auf den Einwand gefaßt sein: Also, wenn selbst die verbissenen Skeptiker zugeben, daß die Behauptungen der Religion nicht mit dem Verstand zu widerlegen sind, warum soll ich ihnen dann nicht glauben, da sie soviel für sich haben, die Tradition, die Übereinstimmung der Menschen und all das Tröstliche ihres Inhalts? Ja, warum nicht? So wie niemand zum Glauben gezwungen werden kann, so auch niemand zum Unglauben. Aber man gefalle sich nicht in der Selbsttäuschung, daß man mit solchen Begründungen die Wege des korrekten Denkens geht. Wenn die Verurteilung »faule Ausrede« je am Platze war, so hier. Die Unwissenheit ist die Unwissenheit; kein Recht etwas zu glauben, leitet sich aus ihr ab. Kein vernünftiger Mensch wird sich in anderen Dingen so leichtsinnig benehmen und sich mit so armseligen Begründungen seiner Urteile, seiner Parteinahme, zufriedengeben, nur in den höchsten und heiligsten Dingen gestattet er sich das. In Wirklichkeit sind es nur Bemühungen, um sich oder anderen vorzuspiegeln, man halte noch an der Religion fest, während man sich längst von ihr abgelöst hat. Wenn es sich um Fragen der Religion handelt, machen sich die Menschen aller möglichen Unaufrichtigkeiten und intellektuellen Unarten schuldig. Philosophen überdehnen die Bedeutung von Worten, bis diese kaum etwas von ihrem ursprünglichen Sinn übrig behalten, sie heißen irgendeine verschwommene Abstraktion, die sie sich geschaffen haben

»Gott«, und sind nun auch Deisten, Gottesgläubige, vor aller Welt, können sich selbst rühmen, einen höheren, reineren Gottesbegriff erkannt zu haben, obwohl ihr Gott nur mehr ein wesenloser Schatten ist und nicht mehr die machtvolle Persönlichkeit der religiösen Lehre. Kritiker beharren darauf, einen Menschen, der sich zum Gefühl der menschlichen Kleinheit und Ohnmacht vor dem Ganzen der Welt bekannt, für »tief religiös« zu erklären, obwohl nicht dieses Gefühl das Wesen der Religiosität ausmacht, sondern erst der nächste Schritt, die Reaktion darauf, die gegen dies Gefühl eine Abhilfe sucht. Wer nicht weiter geht, wer sich demütig mit der geringfügigen Rolle des Menschen in der großen Welt bescheidet, der ist vielmehr irreligiös im wahrsten Sinne des Wortes.

Es liegt nicht im Plane dieser Untersuchung, zum Wahrheitswert der religiösen Lehren Stellung zu nehmen. Es genügt uns, sie in ihrer psychologischen Natur als Illusionen erkannt zu haben. Aber wir brauchen nicht zu verhehlen, daß diese Aufdeckung auch unsere Einstellung zu der Frage, die vielen als die wichtigste erscheinen muß, mächtig beeinflußt. Wir wissen ungefähr, zu welchen Zeiten die religiösen Lehren geschaffen worden sind und von was für Menschen. Erfahren wir noch, aus welchen Motiven es geschah, so erfährt unser Standpunkt zum religiösen Problem eine merkliche Verschiebung. Wir sagen uns, es wäre ja sehr schön, wenn es einen Gott gäbe als Weltenschöpfer und gütige Vorsehung, eine sittliche Weltordnung und ein jenseitiges Leben, aber es ist doch sehr auffällig, daß dies alles so ist, wie wir es uns wünschen müssen. Und es wäre noch sonderbarer, daß unseren armen, unwissenden, unfreien Vorvätern die Lösung all dieser schwierigen Welträtsel geglückt sein sollte.

VII

Wenn wir die religiösen Lehren als Illusionen erkannt haben, erhebt sich sofort die weitere Frage, ob nicht auch anderer Kulturbesitz, den wir hochhalten und von dem wir unser Leben beherrschen lassen, ähnlicher Natur ist. Ob nicht die Voraussetzungen, die unsere staatlichen Einrichtungen regeln, gleichfalls Illusionen genannt werden müssen, ob nicht die Beziehungen der Geschlechter in unserer Kultur durch eine oder eine Reihe von erotischen Illusionen getrübt werden? Ist unser Mißtrauen einmal rege geworden, so werden wir auch vor der Frage nicht zurückschrecken, ob unsere Überzeugung, durch die Anwendung des Beobachtens und Denkens in wissenschaftlicher Arbeit etwas von der äußeren Realität erfahren zu können, eine bessere Begründung hat. Nichts darf uns abhalten, die Wendung der Beobachtung auf unser eigenes Wesen und die Verwendung des Denkens zu seiner eigenen Kritik gutzuheißen. Eine Reihe von Untersuchungen eröffnet sich hier, deren Ausfall entscheidet für den Aufbau einer »Weltanschauung« werden müßte. Wir ahnen auch, daß eine solche Bemühung nicht verschwendet sein und daß sie unserem Argwohn wenigstens teilweise Rechtfertigung bringen wird. Aber das Vermögen des Autors verweigert sich einer so umfassenden Aufgabe, notgedrungen engt er seine Arbeit auf die Verfolgung einer einzigen von diesen Illusionen, eben der religiösen, ein.

Die laute Stimme unseres Gegners gebietet uns nun halt. Wir werden zur Rechenschaft gezogen ob unseres verbotenen Tuns. Er sagt uns:

»Archäologische Interessen sind ja recht lobenswert, aber man stellt keine Ausgrabungen an, wenn man durch sie die Wohnstätten der Lebenden untergräbt, so daß sie einstürzen und die Menschen unter ihren Trümmern verschütten. Die religiösen Lehren sind kein Gegenstand, über den man klügeln kann wie über einen beliebigen anderen. Unsere Kultur ist auf ihnen aufgebaut, die Erhaltung der menschlichen Gesellschaft hat zur Voraussetzung, daß die Menschen in ihrer Überzahl an die Wahrheit dieser Lehren glauben. Wenn man sie lehrt, daß es keinen allmächtigen und allgerechten Gott gibt, keine göttliche Weltordnung und kein künftiges Leben, so werden sie sich aller Verpflichtung zur Befolgung der Kulturvorschriften ledig fühlen. Jeder wird ungehemmt, angstfrei, seinen asozialen, egoistischen Trieben folgen, seine Macht zu betätigen suchen, das Chaos wird wieder beginnen, das wir in vieltausendjähriger Kulturarbeit gebannt haben. Selbst wenn man es wüßte und beweisen könnte, daß die Religion nicht im Besitz der Wahrheit ist, müßte man es verschweigen und sich so benehmen, wie es die Philosophie des ›Als ob‹ verlangt. Im Interesse der Erhaltung Aller! Und von der Gefährlichkeit des Unternehmens abgesehen, es ist auch eine zwecklose Grausamkeit. Unzählige Menschen finden in den Lehren der Religion ihren einzigen Trost, können nur durch ihre Hilfe das Leben ertragen. Man will ihnen diese ihre Stütze rauben und hat ihnen nichts Besseres dafür zu geben. Es ist zugestanden worden, daß die Wissenschaft derzeit nicht viel leistet, aber auch wenn sie viel weiter fortgeschritten wäre, würde sie den Menschen nicht genügen. Der Mensch hat noch andere imperative Bedürfnisse, die nie durch die kühle Wissenschaft befriedigt werden können, und es ist sehr sonderbar, geradezu ein Gipfel der Inkonsequenz, wenn ein Psycholog, der immer betont hat, wie sehr im Leben der Menschen die Intelligenz gegen das Triebleben zurücktritt, sich nun bemüht, den Menschen eine kostbare Wunschbefriedigung zu rauben und sie dafür mit intellektueller Kost entschädigen will.«

Das sind viel Anklagen auf einmal! Aber ich bin vorbereitet, ihnen allen zu widersprechen und überdies werde ich die Behauptung vertreten, daß es eine größere Gefahr für die Kultur bedeutet, wenn man ihr gegenwärtiges Verhältnis zur Religion aufrecht hält, als wenn man es löst. Nur weiß ich kaum, womit ich in meiner Erwiderung beginnen soll.

Vielleicht mit der Versicherung, daß ich selbst mein Unternehmen für völlig harmlos und ungefährlich halte. Die Überschätzung des Intellekts ist diesmal nicht auf meiner Seite. Wenn die Menschen so sind, wie die Gegner sie beschreiben, — und ich mag dem nicht widersprechen, — so besteht keine Gefahr, daß ein Frommgläubiger sich, durch meine Ausführungen überwältigt, seinen Glauben entreißen läßt. Außerdem habe ich nichts gesagt, was nicht andere, bessere Männer viel vollständiger, kraftvoller und eindrucksvoller vor mir gesagt haben. Die Namen dieser Männer sind bekannt; ich werde sie nicht anführen, es soll nicht der Anschein geweckt werden, daß ich mich in ihre Reihe stellen will. Ich habe bloß — dies ist das einzig Neue an meiner Darstellung — der Kritik meiner großen Vorgänger etwas psychologische Begründung hinzugefügt. Daß gerade dieser Zusatz die Wirkung erzwingen wird, die den früheren versagt geblieben ist, ist kaum zu erwarten. Freilich könnte man mich jetzt fragen, wozu schreibt man solche Dinge, wenn man ihrer Wirkungslosigkeit sicher ist. Aber darauf kommen wir später zurück.

Der einzige, dem diese Veröffentlichung Schaden bringen kann, bin ich selbst. Ich werde die unliebenswürdigsten Vorwürfe zu hören bekommen wegen Seichtigkeit, Borniertheit, Mangel an Idealismus und an Verständnis für die höchsten Interessen der Menschheit. Aber einerseits sind mir diese Vorhaltungen nicht neu, und anderseits, wenn jemand schon in jungen Jahren sich über das Mißfallen seiner Zeitgenossen hinausgesetzt hat, was soll es ihm im Greisenalter anhaben, wenn er sicher ist, bald jeder Gunst und Mißgunst entrückt zu werden? In früheren Zeiten war es anders, da erwarb man durch solche Äußerungen eine sichere Verkürzung seiner irdischen Existenz und eine gute Beschleunigung der Gelegenheit, eigene Erfahrungen über das jenseitige Leben zu machen. Aber ich wiederhole, jene Zeiten sind vorüber und heute ist solche Schreiberei auch für den Autor ungefährlich. Höchstens daß ein Buch in dem einen oder dem anderen Land nicht übersetzt und nicht verbreitet werden darf. Natürlich gerade in einem Land, das sich des Hochstands seiner Kultur sicher fühlt. Aber wenn man überhaupt für Wunschverzicht und Ergebung in das Schicksal plädiert, muß man auch diesen Schaden ertragen können.

Es tauchte dann bei mir die Frage auf, ob die Veröffentlichung dieser Schrift nicht doch jemand Unheil bringen könnte. Zwar keiner Person, aber einer Sache, der Sache der Psychoanalyse. Es ist ja nicht zu leugnen, daß sie meine Schöpfung ist, man hat ihr reichlich Mißtrauen und Übelwollen bezeigt; wenn ich jetzt mit so unliebsamen Äußerungen hervortrete, wird man für die Verschiebung von meiner Person auf die Psychoanalyse nur allzu bereit sein. Jetzt sieht man, wird es heißen, wohin die Psychoanalyse führt. Die Maske ist gefallen; zur Leugnung von Gott und sittlichem Ideal, wie wir es ja immer vermutet haben. Um uns von der Entdeckung abzuhalten, hat man uns vorgespiegelt, die Psychoanalyse habe keine Weltanschauung und könne keine bilden.

Dieser Lärm wird mir wirklich unangenehm sein, meiner vielen Mitarbeiter wegen, von denen manche meine Einstellung zu den religiösen Problemen überhaupt nicht teilen. Aber die Psychoanalyse hat schon viele Stürme überstanden, man muß sie auch diesem neuen aussetzen. In Wirklichkeit ist die Psychoanalyse eine Forschungsmethode, ein parteiloses Instrument, wie etwa die Infinitesimalrechnung. Wenn ein Physiker mit deren Hilfe herausbekommen sollte, daß die Erde nach einer bestimmten Zeit zugrunde gehen wird, so wird man sich doch bedenken, dem Kalkül selbst destruktive Tendenzen zuzuschreiben und ihn darum zu ächten. Alles, was ich hier gegen den Wahrheitswert der Religionen gesagt habe, brauchte die Psychoanalyse nicht, ist lange vor ihrem Bestand von anderen gesagt worden. Kann man aus der Anwendung der psychoanalytischen Methode ein neues Argument gegen den Wahrheitsgehalt der Religion gewinnen, *tant pis* für die Religion, aber Verteidiger der Religion werden sich mit demselben Recht der Psychoanalyse bedienen, um die affektive Bedeutung der religiösen Lehre voll zu würdigen.

Nun, um in der Verteidigung fortzufahren: die Religion hat der menschlichen Kultur offenbar große Dienste geleistet, zur Bändigung der asozialen Triebe viel beigetragen, aber nicht genug. Sie hat durch viele Jahrtausende die menschliche Gesellschaft beherrscht; hatte Zeit zu zeigen, was sie leisten kann. Wenn es ihr gelungen wäre, die Mehrzahl der Menschen zu beglücken, zu trösten, mit dem Leben auszusöhnen, sie zu Kulturträgern zu machen, so würde es niemand einfallen, nach einer Änderung der bestehenden Verhältnisse zu streben. Was sehen wir anstatt dessen? Daß eine erschreckend große Anzahl von Menschen mit der Kultur unzufrieden und in ihr unglücklich ist, sie als ein Joch empfindet, das man abschütteln muß, daß diese Menschen entweder alle Kräfte an eine Abänderung dieser Kultur setzen, oder in ihrer Kulturfeindschaft so weit gehen, daß sie von Kultur und Triebeinschränkung überhaupt nichts wissen wollen. Man wird uns hier einwerfen, dieser Zustand komme eben daher, daß die Religion einen Teil ihres Einflusses auf die Menschenmassen eingebüßt hat, gerade infolge der bedauerlichen Wirkung der Fortschritte in der Wissenschaft. Wir werden uns dieses Zugeständnis und seine Begründung merken und es später für unsere Absichten verwerten, aber der Einwand selbst ist kraftlos.

Es ist zweifelhaft, ob die Menschen zur Zeit der uneingeschränkten Herrschaft der religiösen Lehren im ganzen glücklicher waren als heute, sittlicher waren sie gewiß nicht. Sie haben es immer verstanden, die religiösen Vorschriften zu veräußerlichen und damit deren Absichten zu vereiteln. Die Priester, die den Gehorsam gegen die Religion zu bewachen hatten, kamen ihnen dabei entgegen. Gottes Güte mußte seiner Gerechtigkeit in den Arm fallen: Man sündigte und dann brachte man Opfer oder tat Buße und dann war man frei, um von neuem zu sündigen. Russische Innerlichkeit hat sich zur Folgerung aufgeschwungen, daß die Sünde unerläßlich sei, um alle Seligkeiten der göttlichen Gnade zu genießen, also im Grunde ein gottgefälliges Werk. Es ist offenkundig, daß die Priester die Unterwürfigkeit der Massen gegen die Religion nur erhalten konnten, indem sie der menschlichen Triebnatur so große Zugeständnisse einräumten. Es blieb dabei: Gott allein ist stark und gut, der Mensch aber schwach und sündhaft. Die Unsittlichkeit hat zu allen Zeiten an der Religion keine mindere Stütze gefunden als die Sittlichkeit. Wenn die Leistungen der Religion in bezug auf die Beglückung der Menschen, ihre Kultureignung und ihre sittliche Beschränkung keine besseren sind, dann erhebt sich doch die Frage, ob wir ihre Notwendigkeit für die Menschheit nicht überschätzen und ob wir weise daran tun, unsere Kulturforderungen auf sie zu gründen.

Man überlege die unverkennbare gegenwärtige Situation. Wir haben das Zugeständnis gehört, daß die Religion nicht mehr denselben Einfluß auf die Menschen hat wie früher. (Es handelt sich hier um die europäisch-christliche Kultur.) Dies nicht darum, weil ihre Versprechungen geringer geworden sind, sondern weil sie den Menschen weniger glaubwürdig erscheinen. Geben wir zu, daß der Grund dieser Wandlung die Erstarkung des wissenschaftlichen Geistes in den Oberschichten der menschlichen Gesellschaft ist. (Es ist vielleicht nicht der einzige.) Die Kritik hat die Beweiskraft der religiösen Dokumente angenagt, die Naturwissenschaft die in ihnen enthaltenen Irrtümer aufgezeigt, der vergleichenden Forschung ist die fatale Ähnlichkeit der von uns verehrten religiösen Vorstellungen mit den geistigen Produktionen primitiver Völker und Zeiten aufgefallen.

Der wissenschaftliche Geist erzeugt eine bestimmte Art, wie man sich zu den Dingen dieser Welt einstellt; vor den Dingen der Religion macht er eine Weile halt, zaudert, endlich tritt er auch hier über die Schwelle. In diesem Prozeß gibt es keine Aufhaltung, je mehr Menschen die Schätze unseres Wissens zugänglich werden, desto mehr verbreitet sich der Abfall vom religiösen Glauben, zuerst nur von den veralteten, anstößigen Einkleidungen desselben, dann aber auch von seinen fundamentalen Voraussetzungen. Die Amerikaner, die den Affenprozeß in Dayton aufgeführt, haben sich allein konsequent gezeigt. Der unvermeidliche Übergang vollzieht sich sonst über Halbheiten und Unaufrichtigkeiten.

Von den Gebildeten und geistigen Arbeitern ist für die Kultur wenig zu befürchten. Die Ersetzung der religiösen Motive für kulturelles Benehmen durch andere weltliche würde bei ihnen geräuschlos vor sich gehen, überdies sind sie zum guten Teil selbst Kulturträger. Anders steht es um die große Masse der Ungebildeten, Unterdrückten, die allen Grund haben, Feinde der Kultur zu sein. Solange sie nicht erfahren, daß man nicht mehr an Gott glaubt, ist es gut. Aber sie erfahren es, unfehlbar, auch wenn diese meine Schrift nicht veröffentlicht wird. Und sie sind bereit, die Resultate des wissenschaftlichen Denkens anzunehmen, ohne daß sich in ihnen die Veränderung eingestellt hätte, welche das wissenschaftliche Denken beim Menschen herbeiführt. Besteht da nicht die Gefahr, daß die Kulturfeindschaft dieser Massen sich auf den schwachen Punkt stürzen wird, den sie an ihrer Zwangsherrin erkannt haben? Wenn man seinen Nebenmenschen nur darum nicht erschlagen darf, weil der liebe Gott es verboten hat und es in diesem oder jenem Leben schwer ahnden wird, man erfährt aber, es gibt keinen lieben Gott, man braucht sich vor seiner Strafe nicht zu fürchten, dann erschlägt man ihn gewiß unbedenklich und kann nur durch irdische Gewalt davon abgehalten werden. Also entweder strengste Niederhaltung dieser gefährlichen Massen, sorgsamste Absperrung von allen Gelegenheiten zur geistigen Erweckung oder gründliche Revision der Beziehung zwischen Kultur und Religion.

VIII

Man sollte meinen, daß der Ausführung dieses letzteren Vorschlags keine besonderen Schwierigkeiten im Wege stehen. Es ist richtig, daß man dann auf etwas verzichtet, aber man gewinnt vielleicht mehr und vermeidet eine große Gefahr. Aber man schreckt sich davor, als ob man dadurch die Kultur einer noch größeren Gefahr aussetzen würde. Als Sankt Bonifazius den von den Sachsen als heilig verehrten Baum umhieb, erwarteten die Umstehenden ein fürchterliches Ereignis als Folge des Frevels. Es traf nicht ein und die Sachsen nahmen die Taufe an.

Wenn die Kultur das Gebot aufgestellt hat, den Nachbar nicht zu töten, den man haßt, der einem im Wege ist oder dessen Habe man begehrt, so geschah es offenbar im Interesse des menschlichen Zusammenlebens, das sonst undurchführbar wäre. Denn der Mörder würde die Rache der Angehörigen des Ermordeten auf sich ziehen und den dumpfen Neid der anderen, die ebensoviel innere Neigung zu solcher Gewalttat verspüren. Er würde sich also seiner Rache oder seines Raubes nicht lange freuen, sondern hätte alle Aussicht, bald selbst erschlagen zu werden. Selbst wenn er sich durch außerordentliche Kraft und Vorsicht gegen den einzelnen Gegner schützen würde, müßte er einer Vereinigung von Schwächeren unterliegen. Käme eine solche Vereinigung nicht zustande, so würde sich das Morden endlos fortsetzen und das Ende wäre, daß die Menschen sich gegenseitig ausrotteten. Es wäre derselbe Zustand unter Einzelnen, der in Korsika noch unter Familien, sonst aber nur unter Nationen fortbesteht. Die für alle gleiche Gefahr der Lebensunsicherheit einigt nun die Menschen zu einer Gesellschaft, welche dem Einzelnen das Töten verbietet und sich das Recht der gemeinsamen Tötung dessen vorbehält, der das Verbot übertritt. Dies ist dann Justiz und Strafe.

Diese rationelle Begründung des Verbots zu morden teilen wir aber nicht mit, sondern wir behaupten, Gott habe das Verbot erlassen. Wir getrauen uns also seine Absichten zu erraten und finden, auch er will nicht, daß die Menschen einander ausrotten. Indem wir so verfahren, umkleiden wir das Kulturverbot mit einer ganz besonderen Feierlichkeit, riskieren aber dabei, daß wir dessen Befolgung von dem Glauben an Gott abhängig machen. Wenn wir diesen Schritt zurücknehmen, unseren Willen nicht mehr Gott zuschieben und uns mit der sozialen Begründung begnügen, haben wir zwar auf jene Verklärung des Kulturverbots verzichtet, aber auch seine Gefährdung vermieden. Wir gewinnen aber auch etwas anderes. Durch eine Art von Diffusion oder Infektion hat sich der Charakter der Heiligkeit, Unverletzlichkeit, der Jenseitigkeit möchte man sagen, von einigen wenigen großen Verboten auf alle weiteren kulturellen Einrichtungen, Gesetze und Verordnungen ausgebreitet. Diesen steht aber der Heiligenschein oft schlecht zu Gesicht; nicht nur, daß sie einander selbst entwerten, indem sie je nach Zeit und Örtlichkeit entgegengesetzte Entscheidungen treffen, sie tragen auch sonst alle Anzeichen menschlicher Unzulänglichkeit zur Schau. Man erkennt unter ihnen leicht, was nur Produkt einer kurzsichtigen Ängstlichkeit, Äußerung engherziger Interessen oder Folgerung aus unzureichenden Voraussetzungen sein kann. Die Kritik, die man an ihnen üben muß, setzt in unerwünschtem Maße auch den Respekt vor anderen, besser gerechtfertigten Kulturforderungen herab. Da es eine mißliche Aufgabe ist zu scheiden, was Gott selbst gefordert hat und was sich eher von der Autorität eines allvermögenden Parlaments oder eines hohen Magistrats ableitet, wäre es ein unzweifelhafter Vorteil, Gott überhaupt aus dem Spiele zu lassen und ehrlich den rein menschlichen Ursprung aller kulturellen Einrichtungen und Vorschriften einzugestehen. Mit der beanspruchten Heiligkeit würde auch die Starrheit und Unwandelbarkeit dieser Gebote und Gesetze fallen. Die Menschen könnten verstehen, daß diese geschaffen sind, nicht so sehr um sie zu beherrschen, sondern vielmehr um ihren Interessen zu dienen, sie würden ein freundlicheres Verhältnis zu ihnen gewinnen, sich anstatt ihrer Abschaffung nur ihre Verbesserung zum Ziel setzen. Dies wäre ein wichtiger Fortschritt auf dem Wege, der zur Versöhnung mit dem Druck der Kultur führt.

Unser Plaidoyer für eine rein rationelle Begründung der Kulturvorschriften, also für ihre Zurückführung auf soziale Notwendigkeit, wird aber hier plötzlich durch ein Bedenken unterbrochen. Wir haben die Entstehung des Mordverbots zum Beispiel gewählt. Entspricht denn unsere Darstellung davon der historischen Wahrheit? Wir fürchten nein, sie scheint nur eine rationalistische Konstruktion zu sein. Wir haben gerade dieses Stück menschlicher Kulturgeschichte mit Hilfe der Psychoanalyse studiert, und auf diese Bemühung gestützt, müssen wir sagen, in Wirklichkeit war es anders. Rein vernünftige Motive richten noch beim heutigen Menschen wenig gegen leidenschaftliche Antriebe aus; um wieviel ohnmächtiger müssen sie bei jenem Menschentier der Urzeit gewesen sein! Vielleicht würden sich dessen Nachkommen noch heute hemmungslos, einer den andern, erschlagen, wenn unter jenen Mordtaten nicht eine gewesen wäre, der Totschlag des primitiven Vaters, die eine unwiderstehliche, folgenschwere Gefühlsreaktion heraufbeschworen hätte. Von dieser stammt das Gebot: du sollst nicht töten, das im Totemismus auf den Vaterersatz beschränkt war, später auf andere ausgedehnt wurde, noch heute nicht ausnahmslos durchgeführt ist.

Aber jener Urvater ist nach Ausführungen, die ich hier nicht zu wiederholen brauche, das Urbild Gottes gewesen, das Modell, nach dem spätere Generationen die Gottesgestalt gebildet haben. Somit hat die religiöse Darstellung recht, Gott war wirklich an der Entstehung jenes Verbots beteiligt, sein Einfluß, nicht die Einsicht in die soziale Notwendigkeit hat es geschaffen. Und die Verschiebung des menschlichen Willens auf Gott ist vollberechtigt, die Menschen wußten ja, daß sie den Vater gewalttätig beseitigt hatten und in der Reaktion auf ihre Freveltat setzten sie sich vor, seinen Willen fortan zu respektieren. Die religiöse Lehre teilt uns also die historische Wahrheit mit, freilich in einer gewissen Umformung und Verkleidung; unsere rationelle Darstellung verleugnet sie.

Wir bemerken jetzt, daß der Schatz der religiösen Vorstellungen nicht allein Wunscherfüllungen enthält, sondern auch bedeutsame historische Reminiszenzen. Dies Zusammenwirken von Vergangenheit und Zukunft, welch unvergleichliche Machtfülle muß es der Religion verleihen! Aber vielleicht dämmert uns mit Hilfe einer Analogie auch schon eine andere Einsicht. Es ist nicht gut, Begriffe weit weg von dem Boden zu versetzen, auf dem sie erwachsen sind, aber wir müssen der Übereinstimmung Ausdruck geben. Über das Menschenkind wissen wir, daß es seine Entwicklung zur Kultur nicht gut durchmachen kann, ohne durch eine bald mehr, bald minder deutliche Phase von Neurose zu passieren. Das kommt daher, daß das Kind so viele der für später unbrauchbaren Triebansprüche nicht durch rationelle Geistesarbeit unterdrücken kann, sondern durch Verdrängungsakte bändigen muß, hinter denen in der Regel ein Angstmotiv steht. Die meisten dieser Kinderneurosen werden während des Wachstums spontan überwunden, besonders die Zwangsneurosen der Kindheit haben dies Schicksal. Mit dem Rest soll auch noch später die psychoanalytische Behandlung aufräumen. In ganz ähnlicher Weise hätte man anzunehmen, daß die Menschheit als Ganzes in ihrer säkularen Entwicklung in Zustände gerät, welche den Neurosen analog sind, und zwar aus denselben Gründen, weil sie in den Zeiten ihrer Unwissenheit und intellektuellen Schwäche die für das menschliche Zusammenleben unerläßlichen Triebverzichte nur durch rein affektive Kräfte zustande gebracht hat. Die Niederschläge der in der Vorzeit vorgefallenen verdrängungsähnlichen Vorgänge hafteten der Kultur dann noch lange an. Die Religion wäre die allgemein menschliche Zwangsneurose, wie die des Kindes stammte sie aus dem Ödipuskomplex, der Vaterbeziehung. Nach dieser Auffassung wäre vorauszusehen, daß sich die Abwendung von der Religion mit der schicksalsmäßigen Unerbittlichkeit eines Wachstumsvorganges vollziehen muß, und daß wir uns gerade jetzt mitten in dieser Entwicklungsphase befinden.

Unser Verhalten sollte sich dann nach dem Vorbild eines verständigen Erziehers richten, der sich einer bevorstehenden Neugestaltung nicht widersetzt, sondern sie zu fördern und die Gewaltsamkeit ihres Durchbruchs einzudämmen sucht. Das Wesen der Religion ist mit dieser Analogie allerdings nicht erschöpft. Bringt sie einerseits Zwangseinschränkungen, wie nur eine individuelle Zwangsneurose, so enthält sie anderseits ein System von Wunschillusionen mit Verleugnung der Wirklichkeit, wie wir es isoliert nur bei einer Amentia, einer glückseligen halluzinatorischen Verworrenheit, finden. Es sind eben nur Vergleichungen, mit denen wir uns um das Verständnis des sozialen Phänomens bemühen, die Individualpathologie gibt uns kein vollwertiges Gegenstück dazu.

Es ist wiederholt darauf hingewiesen worden (von mir und besonders von *Th. Reik*), bis in welche Einzelheiten sich die Analogie der Religion mit einer Zwangsneurose verfolgen, wieviel von den Sonderheiten und den Schicksalen der Reli-

gionsbildung sich auf diesem Wege verstehen läßt. Es stimmt
dazu auch gut, daß der Frommgläubige in hohem Grade gegen
die Gefahr gewisser neurotischer Erkrankungen geschützt ist;
die Annahme der allgemeinen Neurose überhebt ihn der Aufgabe, eine persönliche Neurose auszubilden.

Die Erkenntnis des historischen Werts gewisser religiöser
Lehren steigert unseren Respekt vor ihnen, macht aber unseren Vorschlag, sie aus der Motivierung der kulturellen Vor-
schriften zurückzuziehen, nicht wertlos. Im Gegenteil! Mit
Hilfe dieser historischen Reste hat sich uns die Auffassung der
religiösen Lehrsätze als gleichsam neurotischer Relikte ergeben und nun dürfen wir sagen, es ist wahrscheinlich an der
Zeit, wie in der analytischen Behandlung des Neurotikers die
Erfolge der Verdrängung durch die Ergebnisse der rationellen
Geistesarbeit zu ersetzen. Daß es bei dieser Umarbeitung nicht
beim Verzicht auf die feierliche Verklärung der kulturellen
Vorschriften bleiben wird, daß eine allgemeine Revision derselben für viele die Aufhebung zur Folge haben muß, ist vorauszusehen, aber kaum zu bedauern. Die uns gestellte Aufgabe der Versöhnung der Menschen mit der Kultur wird auf
diesem Wege weitgehend gelöst werden. Um den Verzicht auf
die historische Wahrheit bei rationeller Motivierung der Kulturvorschriften darf es uns nicht leid tun. Die Wahrheiten,
welche die religiösen Lehren enthalten, sind doch so entstellt
und systematisch verkleidet, daß die Masse der Menschen sie
nicht als Wahrheit erkennen kann. Es ist ein ähnlicher Fall,
wie wenn wir dem Kind erzählen, daß der Storch die Neu-
gebornen bringt. Auch damit sagen wir die Wahrheit in symbolischer Verhüllung, denn wir wissen, was der große Vogel
bedeutet. Aber das Kind weiß es nicht, es hört nur den Anteil
der Entstellung heraus, hält sich für betrogen, und wir wissen,
wie oft sein Mißtrauen gegen die Erwachsenen und seine
Widersetzlichkeit gerade an diesen Eindruck anknüpft. Wir
sind zur Überzeugung gekommen, daß es besser ist, die Mit-
teilung solcher symbolischer Verschleierungen der Wahrheit
zu unterlassen und dem Kind die Kenntnis der realen Verhältnisse in Anpassung an seine intellektuelle Stufe nicht zu versagen.

»Sie gestatten sich Widersprüche, die schwer miteinander zu vereinbaren sind. Zuerst behaupten Sie, eine Schrift wie die Ihrige sei ganz ungefährlich. Niemand werde sich durch solche Erörterungen seinen religiösen Glauben rauben lassen. Da es aber doch Ihre Absicht ist, diesen Glauben zu stören, wie sich später herausstellt, darf man fragen: warum veröffentlichen Sie sie eigentlich? An einer anderen Stelle geben Sie aber doch zu, daß es gefährlich, ja sogar sehr gefährlich werden kann, wenn jemand erfährt, daß man nicht mehr an Gott glaubt. Er war bis dahin gefügig und nun wirft er den Gehorsam gegen die Kulturvorschriften beiseite. Ihr ganzes Argument, daß die religiöse Motivierung der Kulturgebote eine Gefahr für die Kultur bedeute, ruht ja auf der Annahme, daß der Gläubige zum Ungläubigen gemacht werden kann, das ist doch ein voller Widerspruch.«

»Ein anderer Widerspruch ist, wenn Sie einerseits zugeben, der Mensch sei durch Intelligenz nicht zu lenken, er werde durch seine Leidenschaften und Triebansprüche beherrscht, anderseits aber den Vorschlag machen, die affektiven Grundlagen seines Kulturgehorsams durch rationelle zu ersetzen. Das verstehe wer kann. Mir scheint es entweder das eine oder das andere.«

»Übrigens, haben Sie nichts aus der Geschichte gelernt? Ein solcher Versuch, die Religion durch die Vernunft ablösen zu lassen, ist ja schon einmal gemacht worden, offiziell und in großem Stil. Sie erinnern sich doch an die französische Revolution und Robespierre? Aber auch an die Kurzlebigkeit und klägliche Erfolglosigkeit des Experiments. Es wird jetzt in Rußland wiederholt, wir brauchen nicht neugierig zu sein, wie es ausgehen wird. Meinen Sie nicht, daß wir annehmen dürfen, der Mensch kann die Religion nicht entbehren?«

»Sie haben selbst gesagt, die Religion ist mehr als eine Zwangsneurose. Aber von dieser ihrer anderen Seite haben Sie nicht gehandelt. Es genügt Ihnen, die Analogie mit der Neurose durchzuführen. Von einer Neurose muß man die Menschen befreien. Was dabei sonst verlorengeht, kümmert Sie nicht.«

Der Anschein des Widerspruchs ist wahrscheinlich entstanden, weil ich komplizierte Dinge zu eilig behandelt habe. Einiges können wir nachholen. Ich behaupte noch immer, daß meine Schrift in einer Hinsicht ganz ungefährlich ist. Kein Glaubender wird sich durch diese oder ähnliche Argumente in seinem Glauben beirren lassen. Ein Glaubender hat bestimmte zärtliche Bindungen an die Inhalte der Religion. Es gibt gewiß ungezählt viele Andere, die nicht in demselben Sinne gläubig sind. Sie sind den Kulturvorschriften gehorsam, weil sie sich durch die Drohungen der Religion einschüchtern lassen, und sie fürchten die Religion, solange sie dieselbe für ein Stück der sie einschränkenden Realität halten müssen. Diese sind es, die losbrechen, sobald sie den Glauben an ihren Realitätswert aufgeben dürfen, aber auch darauf haben Argumente keinen Einfluß. Sie hören auf, die Religion zu fürchten, wenn sie merken, daß auch andere sie nicht fürchten, und von ihnen habe ich behauptet, daß sie vom Niedergang des religiösen Einflusses erfahren würden, auch wenn ich meine Schrift nicht publizierte.

Ich glaube aber, sie legen selbst mehr Wert auf den anderen Widerspruch, den Sie mir vorhalten. Die Menschen sind Vernunftgründen so wenig zugänglich, werden ganz von ihren Triebwünschen beherrscht. Warum soll man also ihnen eine Triebbefriedigung wegnehmen und durch Vernunftgründe ersetzen wollen? Freilich sind die Menschen so, aber haben Sie sich gefragt, ob sie so sein müssen, ob ihre innerste Natur sie dazu nötigt? Kann der Anthropologe den Schädelindex eines Volkes angeben, das die Sitte pflegt, die Köpfchen seiner Kinder von früh an durch Bandagen zu deformieren? Denken Sie an den betrübenden Kontrast zwischen der strahlenden Intelligenz eines gesunden Kindes und der Denkschwäche des durchschnittlichen Erwachsenen. Wäre es so ganz unmöglich, daß gerade die religiöse Erziehung ein großes Teil Schuld an dieser relativen Verkümmerung trägt? Ich meine, es würde sehr lange dauern, bis ein nicht beeinflußtes Kind anfinge, sich Gedanken über Gott und Dinge jenseits dieser Welt zu machen. Vielleicht würden diese Gedanken dann dieselben Wege einschlagen, die sie bei seinen Urahnen gegangen sind, aber man wartet diese Entwicklung nicht ab, man führt ihm die religiösen Lehren zu einer Zeit zu, da es weder Interesse für sie noch die Fähigkeit hat, ihre Tragweite zu begreifen. Verzögerung der sexuellen Entwicklung und Verfrühung des religiösen Einflusses, das sind doch die beiden Hauptpunkte im Programm der heutigen Pädagogik, nicht wahr? Wenn dann das Denken des Kindes erwacht, sind die religiösen Lehren bereits unangreifbar geworden. Meinen Sie aber, daß es für die Erstarkung der Denkfunktion sehr förderlich ist, wenn ihr ein so bedeutsames Gebiet durch die Androhung der Höllenstrafen verschlossen wird? Wer sich einmal dazu gebracht hat, alle die Absurditäten, die die religiösen Lehren ihm zutragen, ohne Kritik hinzunehmen, und selbst die Widersprüche zwischen ihnen zu übersehen, dessen Denkschwäche braucht uns nicht arg zu verwundern. Nun haben wir aber kein anderes Mittel zur Beherrschung unserer Triebhaftigkeit als unsere Intelligenz. Wie kann man von Personen, die unter der Herrschaft von Denkverboten stehen, erwarten, daß sie das psychologische Ideal, den Primat der Intelligenz, erreichen werden? Sie wissen auch, daß man den Frauen im allgemeinen den sogenannten »physiologischen Schwachsinn« nachsagt, d. h. eine geringere Intelligenz als die des Mannes. Die Tatsache selbst ist strittig, ihre Auslegung zweifelhaft, aber ein Argument für die sekundäre Natur dieser intellektuellen Verkümmerung lautet, die Frauen litten unter der Härte des frühen Verbots, ihr Denken an das zu wenden, was sie am meisten interessiert hätte, nämlich an die Probleme des Geschlechtslebens. Solange außer der sexuellen Denkhemmung die religiöse und die von ihr abgeleitete loyale auf die frühen Jahre des Menschen einwirken, können wir wirklich nicht sagen, wie er eigentlich ist.

Aber ich will meinen Eifer ermäßigen und die Möglichkeit zugestehen, daß auch ich einer Illusion nachjage. Vielleicht ist die Wirkung des religiösen Denkverbots nicht so arg wie ich's annehme, vielleicht stellt es sich heraus, daß die menschliche Natur dieselbe bleibt, auch wenn man die Erziehung nicht zur Unterwerfung unter die Religion mißbraucht. Ich weiß es nicht und Sie können es auch nicht wissen. Nicht nur die großen Probleme dieses Lebens scheinen derzeit unlösbar, sondern auch viele geringere Fragen sind schwer zu entscheiden. Aber gestehen Sie mir zu, daß hier eine Berechtigung für eine Zukunftshoffnung vorhanden ist, daß vielleicht ein Schatz zu heben ist, der die Kultur bereichern kann, daß es sich der Mühe lohnt, den Versuch einer irreligiösen Erziehung zu unternehmen. Fällt er unbefriedigend aus, so bin ich bereit, die Reform aufzugeben und zum früheren, rein deskriptiven Urteil zurückzukehren: der Mensch ist ein Wesen von schwacher Intelligenz, das von seinen Triebwünschen beherrscht wird.

In einem anderen Punkt stimme ich Ihnen ohne Rückhalt bei. Es ist gewiß ein unsinniges Beginnen, die Religion gewaltsam und mit einem Schlage aufheben zu wollen. Vor allem darum, weil es aussichtslos ist. Der Gläubige läßt sich seinen Glauben nicht entreißen, nicht durch Argumente und nicht durch Verbote. Gelänge es aber bei einigen, so wäre es eine Grausamkeit. Wer durch Dezennien Schlafmittel genommen hat, kann natürlich nicht schlafen, wenn man ihm das Mittel entzieht. Daß die Wirkung der religiösen Tröstungen der eines Narkotikums gleichgesetzt werden darf, wird durch einen Vorgang in Amerika hübsch erläutert. Dort will man jetzt den Menschen — offenbar unter dem Einfluß der Frauenherrschaft — alle Reiz-, Rausch- und Genußmittel entziehen und übersättigt sie zur Entschädigung mit Gottesfurcht. Auch auf den Ausgang dieses Experiments braucht man nicht neugierig zu sein.

Ich widerspreche Ihnen also, wenn Sie weiter folgern, daß der Mensch überhaupt den Trost der religiösen Illusion nicht entbehren kann, daß er ohne sie die Schwere des Lebens, die grausame Wirklichkeit, nicht ertragen würde. Ja, der Mensch nicht, dem Sie das süße — oder bittersüße — Gift von Kindheit an eingeflößt haben. Aber der andere, der nüchtern aufgezogen wurde? Vielleicht braucht der, der nicht an der Neurose leidet, auch keine Intoxikation, um sie zu betäuben. Gewiß wird der Mensch sich dann in einer schwierigen Situation befinden, er wird sich seine ganze Hilflosigkeit, seine Geringfügigkeit im Getriebe der Welt eingestehen müssen, nicht mehr der Mittelpunkt der Schöpfung, nicht mehr das Objekt zärtlicher Fürsorge einer gütigen Vorsehung. Er wird in derselben Lage sein wie das Kind, welches das Vaterhaus verlassen hat, in dem es ihm so warm und behaglich war. Aber nicht wahr, der Infantilismus ist dazu bestimmt, überwunden zu werden? Der Mensch kann nicht ewig Kind bleiben, er muß endlich hinaus, ins »feindliche Leben«. Man darf das »die Erziehung zur Realität« heißen, brauche ich Ihnen noch zu verraten, daß es die einzige Absicht meiner Schrift ist, auf die Notwendigkeit dieses Fortschritts aufmerksam zu machen?

Sie fürchten wahrscheinlich, er wird die schwere Probe nicht bestehen? Nun, lassen Sie uns immerhin hoffen. Es macht schon etwas aus, wenn man weiß, daß man auf seine eigene Kraft angewiesen ist. Man lernt dann, sie richtig zu gebrauchen. Ganz ohne Hilfsmittel ist der Mensch nicht, seine Wissenschaft hat ihn seit den Zeiten des Diluviums viel gelehrt und wird seine Macht noch weiter vergrößern. Und was die großen Schicksalsnotwendigkeiten betrifft, gegen die es eine Abhilfe nicht gibt, die wird er eben mit Ergebung ertragen lernen. Was soll ihm die Vorspiegelung eines Großgrundbesitzes auf dem Mond, von dessen Ertrag doch noch nie jemand etwas gesehen hat? Als ehrlicher Kleinbauer auf dieser Erde wird er seine Scholle zu bearbeiten wissen, so daß sie ihn nährt. Dadurch, daß er seine Erwartungen vom Jenseits abzieht und alle freigewordenen Kräfte auf das irdische Leben konzentriert, wird er wahrscheinlich erreichen können, daß das Leben für alle erträglich wird und die Kultur keinen mehr erdrückt. Dann wird er ohne Bedauern mit einem unserer Unglaubensgenossen sagen dürfen:

Den Himmel überlassen wir
Den Engeln und den Spatzen.

X

»Das klingt ja großartig. Eine Menschheit, die auf alle Illusionen verzichtet hat und dadurch fähig geworden ist, sich auf der Erde erträglich einzurichten! Ich aber kann Ihre Erwartungen nicht teilen. Nicht darum, weil ich der hartnäckige Reaktionär wäre, für den Sie mich vielleicht halten. Nein, aus Besonnenheit. Ich glaube, wir haben nun die Rollen getauscht; Sie zeigen sich als der Schwärmer, der sich von Illusionen fortreißen läßt, und ich vertrete den Anspruch der Vernunft, das Recht der Skepsis. Was Sie da aufgeführt haben, scheint mir auf Irrtümern aufgebaut, die ich nach Ihrem Vorgang Illusionen heißen darf, weil sie deutlich genug den Einfluß Ihrer Wünsche verraten. Sie setzen Ihre Hoffnung darauf, daß Generationen, die nicht in früher Kindheit den Einfluß der religiösen Lehren erfahren haben, leicht den ersehnten Primat der Intelligenz über das Triebleben erreichen werden. Das ist wohl eine Illusion; in diesem entscheidenden Punkt wird sich die menschliche Natur kaum ändern. Wenn ich nicht irre, — man weiß so wenig von anderen Kulturen, — gibt es auch heute Völker, die nicht unter dem Druck eines religiösen Systems aufwachsen, und sie kommen Ihrem Ideal nicht näher als andere. Wenn Sie aus unserer europäischen Kultur die Religion wegschaffen wollen, so kann es nur durch ein anderes System von Lehren geschehen, und dies würde von Anfang an alle psychologischen Charaktere der Religion übernehmen, dieselbe Heiligkeit, Starrheit, Unduldsamkeit, dasselbe Denkverbot zu seiner Verteidigung. Irgend etwas dieser Art müssen Sie haben, um den Anforderungen der Erziehung gerecht zu werden. Auf die Erziehung können Sie aber nicht verzichten. Der Weg vom Säugling zum Kulturmenschen ist weit, zu viele Menschlein würden sich auf ihm verirren und nicht rechtzeitig zu ihren Lebensaufgaben kommen, wenn sie ohne Leitung der eigenen Entwicklung überlassen werden. Die Lehren, die in ihrer Erziehung angewendet wurden, werden dem Denken ihrer reiferen Jahre immer Schranken setzen, genau so wie Sie es heute der Religion zum Vorwurf machen. Merken Sie nicht, daß es der untilgbare Geburtsfehler unserer, jeder, Kultur ist, daß sie dem triebhaften und denkschwachen Kinde auferlegt, Entscheidungen zu treffen, die nur die gereifte Intelligenz des Erwachsenen rechtfertigen kann? Sie kann aber nicht anders, infolge der Zusammendrängung der säkularen Menschheitsentwicklung auf ein paar Kindheitsjahre, und das Kind kann nur durch affektive Mächte zur Bewältigung der ihm gestellten Aufgabe veranlaßt werden. Das sind also die Aussichten für Ihren ›Primat des Intellekts‹.«

»Nun sollen Sie sich nicht verwundern, wenn ich für die Beibehaltung des religiösen Lehrsystems als Grundlage der Erziehung und des menschlichen Zusammenlebens eintrete. Es ist ein praktisches Problem, nicht eine Frage des Realitätswerts. Da wir im Interesse der Erhaltung unserer Kultur mit der Beeinflussung des Einzelnen nicht warten können, bis er kulturreif geworden ist, — viele würden es überhaupt niemals werden, — da wir genötigt sind, dem Heranwachsenden irgendein System von Lehren aufzudrängen, das bei ihm als der Kritik entzogene Voraussetzung wirken soll, erscheint mir das religiöse System dazu als das weitaus geeignetste. Natürlich gerade wegen seiner wunscherfüllenden und tröstenden Kraft, an der Sie die ›Illusion‹ erkannt haben wollen. Angesichts der Schwierigkeiten etwas von der Realität zu erkennen, ja der Zweifel, ob dies uns überhaupt möglich ist, wollen wir doch nicht übersehen, daß auch die menschlichen Bedürfnisse ein Stück der Realität sind, und zwar ein wichtiges, eines, das uns besonders nahe angeht.«

»Einen anderen Vorzug der religiösen Lehre finde ich in einer ihrer Eigentümlichkeiten, an der Sie besonderen Anstoß zu nehmen scheinen. Sie gestattet eine begriffliche Läuterung und Sublimierung, in welcher das meiste abgestreift werden kann, das die Spur primitiven und infantilen Denkens an sich trägt. Was dann erübrigt, ist ein Gehalt von Ideen, denen die Wissenschaft nicht mehr widerspricht und die diese auch nicht widerlegen kann. Diese Umbildungen der religiösen Lehre, die Sie als Halbheiten und Kompromisse verurteilt haben, machen es möglich, den Riß zwischen der ungebildeten Masse und dem philosophischen Denker zu vermeiden, erhalten die Gemeinsamkeit unter ihnen, die für die Sicherung der Kultur so wichtig ist. Es ist dann nicht zu befürchten, der Mann aus dem Volk werde erfahren, daß die Oberschichten der Gesellschaft ›nicht mehr an Gott glauben‹. Nun glaube ich gezeigt zu haben, daß Ihre Bemühung sich auf den Versuch reduziert, eine erprobte und affektiv wertvolle Illusion durch eine andere, unerprobt und indifferent, zu ersetzen.«

Sie sollen mich nicht für Ihre Kritik unzugänglich finden. Ich weiß, wie schwer es ist, Illusionen zu vermeiden; vielleicht sind auch die Hoffnungen, zu denen ich mich bekannt, illusorischer Natur. Aber einen Unterschied halte ich fest. Meine Illusionen — abgesehen davon, daß keine Strafe darauf steht, sie nicht zu teilen — sind nicht unkorrigierbar wie die religiösen, haben nicht den wahnhaften Charakter. Wenn die Erfahrung — nicht mir, sondern anderen nach mir, die ebenso denken — zeigen sollte, daß wir uns geirrt haben, so werden wir auf unsere Erwartungen verzichten. Nehmen Sie doch meinen Versuch für das, was er ist. Ein Psychologe, der sich nicht darüber täuscht, wie schwer es ist, sich in dieser Welt zurechtzufinden, bemüht sich, die Entwicklung der Menschheit nach dem bißchen Einsicht zu beurteilen, das er sich durch das Studium der seelischen Vorgänge beim Einzelmenschen während dessen Entwicklung vom Kind zum Erwachsenen erworben hat. Dabei drängt sich ihm die Auffassung auf, daß die Religion einer Kindheitsneurose vergleichbar sei, und er ist optimistisch genug anzunehmen, daß die Menschheit diese neurotische Phase überwinden wird, wie so viele Kinder ihre ähnliche Neurose auswachsen. Diese Einsichten aus der Individualpsychologie mögen ungenügend sein, die Übertragung auf das Menschengeschlecht nicht gerechtfertigt, der Optimismus unbegründet; ich gebe Ihnen alle diese Unsicherheiten zu. Aber man kann sich oft nicht abhalten zu sagen, was man meint, und entschuldigt sich damit, daß man es nicht für mehr ausgibt, als es wert ist.

Und bei zwei Punkten muß ich noch verweilen. Erstens, die Schwäche meiner Position bedeutet keine Stärkung der Ihrigen. Ich meine, Sie verteidigen eine verlorene Sache. Wir mögen noch so oft betonen, der menschliche Intellekt sei kraftlos im Vergleich zum menschlichen Triebleben, und recht damit haben. Aber es ist doch etwas Besonderes um diese Schwäche; die Stimme des Intellekts ist leise, aber sie ruht nicht, ehe sie sich Gehör geschafft hat. Am Ende, nach unzählig oft wiederholten Abweisungen, findet sie es doch. Dies ist einer der wenigen Punkte, in denen man für die Zukunft der Menschheit optimistisch sein darf, aber er bedeutet an sich nicht wenig. An ihn kann man noch andere Hoffnungen anknüpfen. Der Primat des Intellekts liegt gewiß in weiter, weiter, aber wahrscheinlich doch nicht in unendlicher Ferne. Und da er sich voraussichtlich dieselben Ziele setzen wird, deren Verwirklichung Sie von Ihrem Gott erwarten — in menschlicher Ermäßigung natürlich, soweit die äußere Realität, die Ἀνάγκη, es gestattet —: die Menschenliebe und die Einschränkung des Leidens, dürfen wir uns sagen, daß unsere Gegnerschaft nur eine einstweilige ist, keine unversöhnliche. Wir erhoffen dasselbe, aber Sie sind ungeduldiger, anspruchsvoller und — warum soll ich es nicht sagen? — selbstsüchtiger als ich und die Meinigen. Sie wollen die Seligkeit gleich nach dem Tod beginnen lassen, verlangen von ihr das Unmögliche und wollen den Anspruch der Einzelpersonen nicht aufgeben. Unser Gott Λόγος[1] wird von diesen Wünschen verwirklichen, was die Natur außer uns gestattet, aber sehr allmählich, erst in unabsehbarer Zukunft und für neue Menschenkinder. Eine Entschädigung für uns, die wir schwer am Leben leiden, verspricht er nicht. Auf dem Wege zu diesem fernen Ziel müssen Ihre religiösen Lehren fallen gelassen werden, gleichgiltig ob die ersten Versuche mißlingen, gleichgiltig ob sich die ersten Ersatzbildungen als haltlos erweisen. Sie wissen warum; auf die Dauer kann der Vernunft und der Erfahrung nichts widerstehen, und der Widerspruch der Religion gegen beide ist allzu greifbar. Auch die geläuterten religiösen Ideen können sich diesem Schicksal nicht entziehen, solange sie noch etwas vom Trostgehalt der Religion retten wollen. Freilich, wenn sie sich auf die Behauptung eines höheren geistigen Wesens einschränken, dessen Eigenschaften unbestimmbar, dessen Absichten unerkennbar sind, dann sind sie gegen den Einspruch der Wissenschaft gefeit, dann werden sie aber auch vom Interesse der Menschen verlassen.

Und zweitens: Beachten Sie die Verschiedenheit Ihres und meines Verhaltens gegen die Illusion. Sie müssen die religiöse Illusion mit allen Ihren Kräften verteidigen; wenn sie entwertet wird, — und sie ist wahrlich bedroht genug, — dann stürzt Ihre Welt zusammen, es bleibt Ihnen nichts übrig, als an allem zu verzweifeln, an der Kultur und an der Zukunft

---

[1] Das Götterpaar Λόγος-Ἀνάγκη des Holländers *Multatuli*.

der Menschheit. Von dieser Leibeigenschaft bin ich, sind wir frei. Da wir bereit sind, auf ein gutes Stück unserer infantilen Wünsche zu verzichten, können wir es vertragen, wenn sich einige unserer Erwartungen als Illusionen herausstellen.

Die vom Druck der religiösen Lehren befreite Erziehung wird vielleicht nicht viel am psychologischen Wesen des Menschen ändern, unser Gott Λόγος ist vielleicht nicht sehr allmächtig, kann nur einen kleinen Teil von dem erfüllen, was seine Vorgänger versprochen haben. Wenn wir es einsehen müssen, werden wir es in Ergebung hinnehmen. Das Interesse an Welt und Leben werden wir darum nicht verlieren, denn wir haben an einer Stelle einen sicheren Anhalt, der Ihnen fehlt. Wir glauben daran, daß es der wissenschaftlichen Arbeit möglich ist, etwas über die Realität der Welt zu erfahren, wodurch wir unsere Macht steigern und wonach wir unser Leben einrichten können. Wenn dieser Glaube eine Illusion ist, dann sind wir in derselben Lage wie Sie, aber die Wissenschaft hat uns durch zahlreiche und bedeutsame Erfolge den Beweis erbracht, daß sie keine Illusion ist. Sie hat viele offene und noch mehr verkappte Feinde unter denen, die ihr nicht verzeihen können, daß sie den religiösen Glauben entkräftet hat und ihn zu stürzen droht. Man wirft ihr vor, wie wenig sie uns gelehrt und wie unvergleichlich mehr sie im Dunkel gelassen hat. Aber dabei vergißt man, wie jung sie ist, wie beschwerlich ihre Anfänge waren und wie verschwindend klein der Zeitraum, seitdem der menschliche Intellekt für ihre Aufgaben erstarkt ist. Fehlen wir nicht alle darin, daß wir unseren Urteilen zu kurze Zeiträume zugrunde legen? Wir sollten uns an den Geologen ein Beispiel nehmen. Man beklagt sich über die Unsicherheit der Wissenschaft, daß sie heute als Gesetz verkündet, was die nächste Generation als Irrtum erkennt und durch ein neues Gesetz von ebenso kurzer Geltungsdauer ablöst. Aber das ist ungerecht und zum Teil unwahr. Die Wandlungen der wissenschaftlichen Meinungen sind Entwicklung, Fortschritt und nicht Umsturz. Ein Gesetz, das man zunächst für unbedingt giltig gehalten hat, erweist sich als Spezialfall einer umfassenderen Gesetzmäßigkeit oder wird eingeschränkt durch ein anderes Gesetz, das man erst später kennenlernt; eine rohe Annäherung an die Wahrheit wird ersetzt durch eine sorgfältiger angepaßte, die ihrerseits wieder eine weitere Vervollkommnung erwartet. Auf verschiedenen Gebieten hat man eine Phase der Forschung noch nicht überwunden, in der man Annahmen versucht, die man bald als unzulänglich verwerfen muß; auf anderen gibt es aber bereits einen gesicherten und fast unveränderlichen Kern von Erkenntnis. Man hat endlich versucht, die wissenschaftliche Bemühung radikal zu entwerten durch die Erwägung, daß sie, an die Bedingungen unserer eigenen Organisation gebunden, nichts anderes als subjektive Ergebnisse liefern kann, während ihr die wirkliche Natur der Dinge außer uns unzugänglich bleibt. Dabei setzt man sich über einige Momente hinweg, die für die Auffassung der wissenschaftlichen Arbeit entscheidend sind, daß unsere Organisation, d. h. unser seelischer Apparat, eben im Bemühen um die Erkundung der Außenwelt entwickelt worden ist, also ein Stück Zweckmäßigkeit in seiner Struktur realisiert haben muß, daß er selbst ein Bestandteil jener Welt ist, die wir erforschen sollen, und daß er solche Erforschung sehr wohl zuläßt, daß die Aufgabe der Wissenschaft voll umschrieben ist, wenn wir sie darauf einschränken zu zeigen, wie uns die Welt infolge der Eigenart unserer Organisation erscheinen muß, daß die endlichen Resultate der Wissenschaft gerade wegen der Art ihrer Erwerbung nicht nur durch unsere Organisation bedingt sind, sondern auch durch das, was auf diese Organisation gewirkt hat, und endlich, daß das Problem einer Weltbeschaffenheit ohne Rücksicht auf unseren wahrnehmenden seelischen Apparat eine leere Abstraktion ist, ohne praktisches Interesse.

Nein, unsere Wissenschaft ist keine Illusion. Eine Illusion aber wäre es zu glauben, daß wir anderswoher bekommen könnten, was sie uns nicht geben kann.

Fischer
Taschenbuch
Verlag

Sigmund Freud.

Fischer
Taschenbuch
Verlag

Psychologie
und Verhaltensforschung.

Fischer
Taschenbuch
Verlag

›Informationen zur Zeit‹ —
Darstellungen, Materialien, Analysen

Veränderung der Gesellschaft

Veränderung der Gesellschaft
Sechs konkrete Utopien
Hg. v. Hendrik Bussiek
Bd. 1092/Originalausgabe

Wege zur veränderten
Gesellschaft
Politische Strategien
Hg. v. Hendrik Bussiek
Bd. 1205/Originalausgabe

Theodor Ebert
Gewaltfreier Aufstand
Alternative zum Bürgerkrieg
Bd. 1123

Svetozar Stojanović
Kritik und Zukunft
des Sozialismus
Bd. 1264

Weltfrieden und Revolution
Hg. v. Hans-Eckehard Bahr
Bd. 1102

Politik der BRD

Urs Jaeggi
Macht und Herrschaft in der
Bundesrepublik
[ersch. 1973 neu unter dem
Titel ›Kapitalismus in der
Bundesrepublik‹ als Bd. 6510]

Peter Brückner
Freiheit, Gleichheit, Sicherheit
Von den Widersprüchen des
Wohlstands
Bd. 1324

Harold Rasch
Politik mit dem Osten
Von der Abschreckung zum
Frieden
Bd. 1165/Originalausgabe

Probleme der Arbeiterklasse

Anpassung oder Widerstand?
Gewerkschaften im autoritären
Staat
Hg. v. Sven Papcke
Bd. 1094/Originalausgabe

Schwarzbuch: Ausländische
Arbeiter
Hg. v. Siegmar Geiselberger
Bd. 1325/Originalausgabe

Gewerkschaften und
Klassenkampf
Kritisches Jahrbuch 1972
Hg. v. O. Jacobi/W. Müller-
Jentsch/E. Schmidt
Bd. 1312/Originalausgabe

Fischer Taschenbuch Verlag

›Informationen zur Zeit‹ — die politische Reihe: aktuell, kritisch

Gewalt in der Politik

Am Beispiel Angela Davis
Der Kongreß in Frankfurt
Hg. v. A. Davis Solidaritäts-
komitee
Bd. 1350/Originalausgabe

Georg Krämer
Mord & Terror
Britischer Imperialismus:
Nordirland
Bd. 1300/Originalausgabe

Peter M. Michels
Aufstand in den Ghettos
Zur Organisation des Lumpen-
proletariats in den USA
Bd. 1319/Originalausgabe

»Ich war gern in Vietnam«
Leutnant Calley berichtet
Aufgezeichnet von John Sack
Bd. 988/Deutsche Erstausgabe

Der Fall CSSR
Strafaktion gegen einen
Bruderstaat
Bd. 964/Originalausgabe

Bobby Seale
Wir fordern Freiheit
Der Kampf der Black Panther
Bd. 1198/Deutsche Erstausgabe

Walter Hollstein
Kein Frieden um Israel
Zur Sozialgeschichte des
Palästina-Konflikts
Bd. 1226/Originalausgabe

Dritte Welt

Che Guevara und die Revolution
Hg. v. H. R. Sonntag
Bd. 896/Originalausgabe

Das Rote Buch
Worte des Vorsitzenden
Mao Tse-tung
Hg. v. Tilemann Grimm
Bd. 857/Originalausgabe

Heinz Rudolf Sonntag
Revolution in Chile
Bd. 1266/Originalausgabe

Chinas sozialistischer Weg
Berichte und Analysen der
Peking Rundschau
Hg. v. F. R. Scheck
Bd. 1267/Originalausgabe

Fischer Taschenbuch Verlag

›Informationen zur Zeit‹ — in 5 Jahren: 1,5 Millionen Gesamtauflage

Probleme der Gesellschaft

Christa Becker
Problem 218
Bd. 1310/Originalausgabe

Bürgerinitiativen
Schritte zur Veränderung
Hg. v. Heinz Grossmann
Bd. 1233/Originalausgabe

Ulf Homann
Das Haschischverbot
Gesellschaftliche Funktion und Wirkung
Bd. 1268/Originalausgabe

Kommunalpolitik — für wen?
Arbeitsprogramm der Jungsozialisten
Hg. v. Wolfgang Roth
Bd. 1272/Originalausgabe

Kriegsdienstverweigerer: Gegen die Militarisierung der Gesellschaft
Hg. v. Haug/Maessen
Bd. 1173/Originalausgabe

Sport in der Klassengesellschaft
Hg. v. Gerhard Vinnai
Bd. 1243/Originalausgabe

Sozialisation

Peter Brosch
Fürsorgeerziehung
Heimterror und Gegenwehr
Bd. 1234/Originalausgabe

Wilfried Gottschalch
Bedingungen und Chancen politischer Sozialisation
Bd. 1311/Originalausgabe

Schülerladen Rote Freiheit
Sozialistische Projektarbeit
Herausgeber-Kollektiv
Bd. 1147/Originalausgabe

Lutz von Werder
Von der antiautoritären zur proletarischen Erziehung
Bd. 1265/Originalausgabe

Hans-Jürgen Haug/
Hubert Maessen
Was wollen die Schüler?
Politik im Klassenzimmer
Bd. 1013/Originalausgabe

Hans-Jürgen Haug/
Hubert Maessen
Was wollen die Lehrlinge?
Bd. 1186/Originalausgabe

Schulreform
oder Der sogenannte Fortschritt
Hg. v. J. Beck und L. Schmidt
Bd. 1121/Originalausgabe

Fischer
Taschenbuch
Verlag

Handbücher

Fischer
Taschenbuch
Verlag

Das Fischer Lexikon.
Enzyklopädie des Wissens.

Das Fischer Lexikon umfaßt in 36 selbständigen Einzelbänden und vier Sonderbänden das Wissen unserer Zeit nach dem letzten Stand der Forschung. Jeder Band besteht aus einer allgemeinen Einleitung in das betreffende Wissensgebiet, den alphabetisch angeordneten enzyklopädischen Artikeln mit den entsprechenden Stichwörtern (die in einem Register am Ende des Bandes lexikalisch auffindbar sind) und einer ausführlichen Bibliographie. In fast allen Bänden zahlreiche Abbildungen.

DIE
SIGMUND FREUD
VORLESUNGEN

**Die bedeutendsten Psychoanalytiker
berichten in dieser neuen Serie
in knapper Form über die
jüngsten Ergebnisse ihrer Forschungen.
Wer wissen will, wo die Psychoanalyse heute steht,
wird diese Bände lesen.**

ANNA FREUD
Schwierigkeiten der Psychoanalyse
in Vergangenheit und Gegenwart

Mit Literaturverzeichnis und Gesamtbibliographie
sowie Vita der Autorin. 80 Seiten, kartoniert.

In mehreren Schriften hat sich Sigmund Freud immer wieder mit den
Schwierigkeiten befaßt, gegen die die Psychoanalyse in der Außenwelt
wie auch im psychoanalytischen Behandlungsprozeß zu kämpfen hat.
Seine Tochter Anna Freud setzt am Ende fast eines halben Jahr-
hunderts analytischer Arbeit diese große Tradition fort. Ihre Bestands-
aufnahme ist ein weiteres Beispiel für die vielgerühmte Klarheit und
Darstellungskunst der Autorin.

RENÉ A. SPITZ
Eine genetische Feldtheorie der Ichbildung

Aus dem Amerikanischen von Friedhelm Herboth.
Mit 4 Abbildungen, Literaturverzeichnis und Bibliographie der Schriften
sowie Vita des Autors. 128 Seiten, kartoniert.

Die Summe der Entdeckungen des großen Erforschers der frühkind-
lichen Entwicklung. Einbezogen sind auch die Ergebnisse und Begriffe
der modernen Embryologie und Verhaltensforschung. Quarterly Review
of Biology: »Eine Kostbarkeit von einem Buch.«

Die Reihe wird fortgesetzt.

 S.FISCHER